"十四五"系列规划教材
学前教育专业通用教材

WUDAO JICHU XUNLIAN

舞蹈基础训练

第三版

主　编　袁艳
副主编　方天梅　冯朝翠

苏州大学出版社
Soochow University Press

图书在版编目（CIP）数据

舞蹈基础训练 / 袁艳主编. --3版. — 苏州：苏州大学出版社，2023.7（2024.7重印）
"十四五"系列规划教材　学前教育专业通用教材
ISBN 978-7-5672-4141-1

Ⅰ.①舞… Ⅱ.①袁… Ⅲ.①学前教育 — 舞蹈训练 — 高等学校 — 教材　Ⅳ.① G613.5

中国国家版本馆CIP数据核字（2023）第135228号

书　　　名：	舞蹈基础训练（第三版）
主　　编：	袁　艳
责任编辑：	孙腊梅
装帧设计：	吴　钰
出 版 人：	盛惠良
出版发行：	苏州大学出版社　（Soochow University Press）
社　　址：	苏州市十梓街1号　邮编：215006
网　　址：	www.sudapress.com
邮　　箱：	sdcbs@suda.edu.cn
印　　刷：	苏州市深广印刷有限公司
邮购热线：	0512-67480030
销售热线：	0512-67481020
开　　本：	890 mm × 1 240 mm　1/16　印张：9　字数：179千
版　　次：	2023年7月第1版
印　　次：	2024年7月第2次印刷
书　　号：	ISBN 978-7-5672-4141-1
定　　价：	39.00元

凡购本社图书发现印装错误，请与本社联系调换。

服务热线：0512-67481020

编委会名单

主　编　袁　艳

副主编　方天梅　冯朝翠

编　委（按姓氏笔画为序）

　　　　　方天梅　冯朝翠　江　慧　孙愚慧　李梦皎　吴婷婷

　　　　　范雪飞　赵　蕾　钮　瑞　袁　艳　柴　蓉　倪甜甜

　　　　　徐丽娟　徐孟龙　黄　博

目　　录

第一章　舞蹈基本理论知识　　1

第一节　舞蹈概论　　1
一、舞蹈的主要特征　　1
二、舞蹈的类别　　3

第二节　舞蹈的基本知识　　6
一、身体基本方位和人体各部位名称　　6
二、舞蹈常用术语　　11
三、舞蹈记录方法　　13

第二章　舞蹈基本功训练　　15

第一节　中国古典舞训练　　15
一、基本脚位　　15
二、基本步伐　　18
三、手位与手臂训练　　19
四、训练组合　　23

第二节　芭蕾舞训练　　36
一、手的形状和位置　　36
二、脚的位置　　38
三、身体素质与软开度训练　　39
四、动作组合　　40

第三章　中国民族民间舞蹈　　57

第一节　藏族民间舞　　57
一、舞蹈风格和动作特点　　57
二、基本动作　　58

　　三、舞蹈组合　　62

第二节　东北秧歌　　70
　　一、基本简介　　70
　　二、基本动作　　70
　　三、舞蹈组合　　76

第三节　蒙古族民间舞　　81
　　一、基本简介　　81
　　二、基本动作　　82
　　三、舞蹈组合　　88

第四节　维吾尔族舞蹈　　92
　　一、基本简介　　92
　　二、基本动作　　93
　　三、舞蹈组合　　100

第五节　傣族民间舞　　107
　　一、风格特点　　107
　　二、基本体位　　108
　　三、基本动作　　113
　　四、基本舞步　　114
　　五、舞蹈组合　　115

第六节　安徽花鼓灯　　122
　　一、基本简介　　122
　　二、脚的基本位置　　122
　　三、扇子的位置与拿法　　123
　　四、扇花与扇花舞姿　　125
　　五、基本舞步　　125
　　六、扇花组合　　126
　　七、儿童花鼓灯舞　　134

参考文献　　138

第一章　舞蹈基本理论知识

第一节　舞蹈概论

舞蹈是社会生活的反映，与其他艺术门类一样，起源于人类的劳动实践和丰富的生活实践。

舞蹈是通过节律化、造型化和表情化的人体动作塑造艺术形象，以表达人们思想感情的一种艺术形式。作为一种艺术，舞蹈追求艺术美，并具有教育功能、认知功能和审美愉悦功能。

舞蹈能够促进人们身心的全面发展，是美育的重要手段之一。它能使人的动作协调、反应灵敏，能有效地促进人脑的发育；能使人筋骨柔韧、肢体强劲、精神振奋、心灵净化；能增强人与人之间的情感交流和社会凝聚力，而且对人们道德情操的培养有着深远的影响。

舞蹈艺术发展到今天，作为人的本性、感情的直观外化显示，它始终闪烁着真、善、美的光辉，从而成为推动社会前进和发展的一种精神动力。

一、舞蹈的主要特征

舞蹈艺术是以人体的形体动作、姿态和造型的组合变化而形成舞蹈语言，从而塑造出生动鲜明、具体的舞蹈形象来表现人物的情感和思想，并以此反映现实生活的。

它主要具有以下六种艺术特征：

1. 动作性

舞蹈动作是舞蹈作品的最基本元素。舞蹈从最单一的姿态开始，到形成舞句、舞段，再从一个小型舞蹈作品到形成一部大型舞剧，都是在对相同动作的重复、发展，不同动作的衔接、变化基础之上，并经过有目的的组合和重组，从而发展完成的。

在舞蹈艺术中，人物情感、思想的表现，情节、事件的发展，矛盾冲突的推进，情调、氛围的渲染，意境的形成等，都要由一系列舞蹈动作所组成的舞蹈语言不停地发展、变化来完成。

舞蹈动作从它的功能和作用的角度,可大致分为表情性、说明性、装饰性联结三类动作。表情性动作主要描绘人物的情感、思想和性格特征,具有一定的类型化、概括性。说明性动作主要展示人物行动的目的和具体内容,这类动作具有更多的模拟性、象征性特点。装饰性联结动作常作为表情性动作和说明性动作相互转换和连接的过渡动作,一般没有明显含义,在舞蹈中起装饰、衬托作用。

2. 直觉性

舞蹈形象是一种直观的艺术形象。舞蹈作品中的情景和人物心理状态、情感,都必须通过舞蹈形象直接表现出来,如梦幻中的情景、某一个人的感受、激烈的思想斗争等。它是通过人们的视觉器官(眼睛)来进行审美感知的。

3. 节奏性

没有节奏便没有舞蹈,任何舞蹈都具有节奏性,舞蹈的形态、形象是一种具有节奏性的动态形象。

在舞蹈中,节奏一般表现为舞蹈动作力度的强弱、速度的快慢和能量的大小。即使是相同的动作,由于节奏的发展变化,也会表现出不同的情绪和情感,体现出不同的丰富内容。例如,在力度上增强或减弱,在速度上加快或减慢,在幅度和能量上增大或缩小,等等。

4. 造型性

舞蹈动作具有美的形式的最基本条件和主要因素是舞蹈动作必须具有造型性。造型必须是经过提炼和美化了的最生动、最鲜明、最有表现力的典型性动作,它首先应构成具有美感的形象。所以人们常说:舞蹈是动的绘画、活的雕塑。

舞蹈中的人体动作、姿态的造型是多种多样的,有对称、平衡的美,有矫健、温和的美,有阳刚、阴柔的美,有幽雅娴静、活泼生动的美,等等。

舞蹈队形、画面造型,是舞蹈作品构成的重要因素。不管是独舞还是群舞,无论是抒情还是叙事,舞蹈者总要在舞台的空间中按一定的方向、路线进行运动。根据舞蹈作品所表现的不同情绪和内容的需要,也就相应产生了各种类型的舞台空间运动路线和画面造型。

舞蹈的空间运动路线大致可分为斜、竖、横、圆、曲折五种。

舞蹈画面造型一般有方形、圆弧形、三角形、菱形、梯形等。

5. 抒情性

舞蹈是一种抒情性的艺术,这是舞蹈艺术的一个非常重要的审美特征,它用舞蹈语言来表现和描绘人的内在精神世界和丰富复杂的情感体验。

无论是人的初级感情还是高级感情,舞蹈都可以充分、深刻、淋漓尽致地予以表达,它在表现人的情感方面所具有的真实、直观、激烈、丰富、深厚的特点,往往是其他艺术门类所不及的。舞蹈既能表现人们的情感,也能深刻表达人们的思想。它借助于情感,使人物思想的内涵予以充分地展现。

6. 综合性

舞蹈形象是一种综合性的艺术形象。舞蹈从产生就与音乐、诗歌、美术等艺术相随相伴,它们同样是舞蹈艺术的重要组成部分,其中音乐是舞蹈最亲密的伙伴。没有优秀的音乐很难产生优秀的舞蹈作品,从一定意义上可以说,音乐是舞蹈的声音,舞蹈是音乐的形体。

在舞蹈艺术中,音乐一般具有以下三个方面的作用:

一是描绘人物的思想感情和性格特征,与舞蹈一起共同完成塑造艺术形象的任务;二是对舞蹈所处的客观环境和气氛进行渲染和衬托;三是具有明显的戏剧性因素,在一定程度上担负着交代和展现剧情的任务。

服饰、布景、灯光和道具等舞台美术元素也是舞蹈艺术不可缺少的,它对于展现舞蹈作品的所处时代、环境和人物形象,表现人物思想感情和推动舞蹈情节的发展都起着不可忽视的作用。

二、舞蹈的类别

1. 按表演形式划分

(1)独舞:指由一个人单独表演的舞蹈形式。在舞剧或集体舞中,常用独舞形式突出刻画人物性格和思想感情,它要求表演者有较高的舞蹈表演技巧和较为全面的艺术修养。

(2)双人舞:指由两人一起表演的舞蹈形式,是作品中人物对话的一种表现形式,用以表现两个人物之间的思想感情交流。双人舞除了要求两人具有较高的表演技巧之外,还要求双方在舞蹈上配合默契、和谐一致。

(3)三人舞:指由三个人表演的舞蹈形式。三人舞大部分是具有情节性的小型舞蹈作品,是能够组成性格冲突的最小舞蹈形式。三人舞的运动方式主要是非对称的、矛盾的,是一种具有特色的舞蹈样式。

值得注意的是,并非三个人表演的舞蹈都可以称为"三人舞",如果三位表演者始终以整齐划一的动态来表演,那只是一个小群舞。

(4)群舞:由三个及以上表演者表演的多人舞蹈形式。从表演者的性别上可分为男子群舞、女子群舞和男女大群舞。群舞注重队形和画面的变化,构图丰富、色彩纷呈,有较浓郁的民族风格和地方特色。从内容构成上可分为情节性群舞和抒情性群舞。

(5)组舞:通常是将几个相对独立完整的舞蹈作品组合在一起进行表演。有的可根据共同的主题,把几个舞蹈作品组合在一起;有的可根据共同的形态把几个舞蹈作品组合在一起,也有根据编导或演员自身的创作或表演风格把几个舞蹈作品进行组合。

(6)舞剧:一种大型的舞蹈表演形式。它可以运用独舞、双人舞、群舞及组舞等多种舞蹈表演形式,来表现较为复杂的故事情节和塑造内涵丰富的人物性格。舞剧以舞蹈为主要表现手段,综合音乐、美术、文学、戏剧等艺术形式来反映生活、表现故事。世界各国都有各具独特风格的舞剧。新中国成立后,我国民族民间舞剧得到很大发展。

2. 按风格划分

(1)中国古典舞:指具有古典风格的中国舞蹈,是在民间舞蹈基础上经过历代舞蹈艺术家们的提炼、加工、整理、创造而逐渐形成的,它有整套规范化的舞蹈技艺、程式化的表现手段、严谨的训练体系和相对稳定的审美原则。中国古典舞大多保持在传统戏曲的舞蹈中。在表演上手、眼、身、法、步的紧密配合使中国古典舞更具传统特色。

20世纪50年代初期,当时的舞蹈工作者为创作和繁荣民族舞蹈艺术,对中国古典舞进行了挖掘、整理,继承了中国戏曲表演中的舞蹈步伐、身段、武术、毯子功等精华,借鉴和参考芭蕾的训练方法,编写了中国古典舞训练教材。在20世纪90年代,李正一、唐满城、黄嘉敏编写的《中国古典舞身韵》教材,标志着中国古典舞不仅从外形上,而且从内在的身韵上都找到了与中国传统文化精神相一致的舞蹈训练体系。

(2)中国民间舞:指在群众中流传并具有鲜明的地方特色和风格的中国传统舞蹈形式。它与人们的劳动生活、传统观念、民俗活动紧密结合,并经历代相传,人们的不断加工、创造。民间舞蹈既有中国特征又有民族特色,是其他舞蹈风格作品创作的源泉和基础。

我国各民族、各地区人民的生活、历史、风俗习惯以及地理环境和自然条件的不同,形成了舞蹈风格和特色有着明显差异的不同民间舞种。

在中国56个民族漫长的形成、发展、融合过程中,民间舞蹈的种类繁多,形式广泛多样,至今没有准确的种类统计,仅就汉族的秧歌舞蹈来看,就有东北秧歌、陕北秧歌、海阳秧歌、胶州秧歌、鼓子秧歌等。在少数民族民间舞蹈中又有蒙古舞、藏舞、维吾尔族舞、朝鲜族舞、傣族舞、苗族舞等。中国民间舞蹈在历史进程中也在不断发展,传统的舞蹈形式不断地融入时代精神,充满了生机。在对外文化交流中,中国民间舞受到了国际友人的高度评价,逐步走向世界。

（3）芭蕾舞:欧洲古典舞的统称。它有狭义与广义之分,狭义的芭蕾舞,专指产生于欧洲的一种综合性舞蹈艺术形式,包括古典芭蕾和现代芭蕾;广义的芭蕾舞,泛指一切用有韵律的人体运动来表现人的思想感情和社会生活的舞蹈表演。

作为特定的舞蹈艺术形式,15世纪芭蕾起源于意大利民间。16—19世纪芭蕾形成于法国宫廷,逐渐发展成一种在统一的构思下,集歌唱、朗诵、舞蹈与戏剧于一体的综合性表演艺术形式。17世纪70年代,芭蕾从宫廷走入剧场,产生了专业演员,舞蹈技术迅速发展。18世纪传入俄国,到19世纪已经发展成为一门独立的艺术,并创造了足尖技巧,形成了规范化的和程式化的表演形式以及一套完整科学的训练方法。20世纪以来,各种现代文艺思想对芭蕾产生了很大影响,芭蕾逐渐形成了不同风格的学派,其中有意大利学派、俄罗斯学派、法兰西学派等。现代舞的产生,对古典芭蕾有很大的影响,出现了交响芭蕾舞、现代芭蕾舞等各种不同的探索与创造形式,程式上有很多突破,呈现了多种风格。我国的芭蕾舞从20世纪50年代开始得到发展,各地建立了芭蕾舞团和芭蕾舞专业学校,培养出了很多优秀的芭蕾舞演员,同时参加了许多国际性重大的芭蕾舞比赛,取得了优异的成绩,这些使我国的芭蕾舞得到了迅速发展,走向了世界。

（4）现代舞:现代舞的特点是摆脱古典芭蕾的程式和束缚,用最自由的身体表现最高的智慧。它是19世纪末、20世纪初由美国著名舞蹈家伊莎多拉·邓肯创造并兴起的一种新型舞蹈。近一个世纪以来,邓肯一直被现代舞蹈家们奉为精神领袖,被誉为"现代舞之母"。

邓肯认为,舞蹈的本质应通过人体动作表现人类精神。在芭蕾舞的改革中许多舞蹈家受此影响,继承了邓肯的主张,在各自基础上发展创造,形成了许多不同风格的现代舞流派。现代舞于20世纪30年代传入我国。

（5）社交舞:指欧洲文艺复兴以来的宫廷舞蹈和近代社交舞蹈,又称"交谊舞"或"交际舞"。这些舞蹈中的绝大多数是从法国、意大利、西班牙的民间舞蹈演化而来的。经过各国宫廷的舞蹈教师按照宫廷生活和礼仪习俗的需要进行加工改造,使之具有规范的程式。这些舞蹈都有严格的规定步伐、舞蹈构图、舞曲、举止仪态和进行程序,成为宫廷贵族展示自己富丽华美的服饰、高贵文雅的风度以及尊贵的地位和尊严的舞蹈形式。直到19世纪初期,这种贵族式的宫廷舞才成为社会各阶层人人可跳的社交舞蹈。当今社交舞坛的交际舞又逐步形成普通的舞厅舞和具有竞技表演性质的国际标准交谊舞。国际流行的标准舞种主要有：华尔兹、探戈、狐步、快步舞、伦巴、桑巴、恰恰舞、牛仔舞、斗牛舞等。

社交舞发展到今天虽然有一定的竞技和表演成分，但从本质上来讲，还是属于社交活动中自娱性的舞蹈。

3. 按题材划分

（1）抒情性舞蹈：主要是抒发人物的思想感情，即通过特定的情景和人物思想感情，塑造出鲜明生动的舞蹈形象，达到感染观众的目的，也叫情绪舞。一般来说，抒情舞蹈在表现手法上注重写意，舞段比较完整和流畅，群舞动作强调整齐划一。由于抒情性舞蹈的"舞性"较强，以至有"舞蹈长于抒情，拙于叙事"的说法。

（2）叙事性舞蹈：也叫情节舞。是指通过一定的事件叙述，来刻画人物性格，揭示剧情的冲突和发展，从而表现某种主题的舞蹈。由于舞蹈是以动作语言来叙事的，所以大多数叙事性舞蹈都依据一定的文学蓝本，这样可以使观众更容易理解舞蹈所叙之事。叙事性舞蹈所叙之事一般比较单纯、简短，人物关系也较简明，因而舞蹈本身的构成也比较简短。叙事性舞蹈与抒情性舞蹈相比，偏重于写实。由于其内涵比抒情性舞蹈丰富，因此往往能产生强烈的社会反响。

第二节　舞蹈的基本知识

一、身体基本方位和人体各部位名称

1. 人体部位方位图

（1）人体各部位名称。（图1-1）

（2）抬腿的角度。（图1-2）

（3）手的方位。（图1-3）

（4）人体的平面方位。（图1-4）

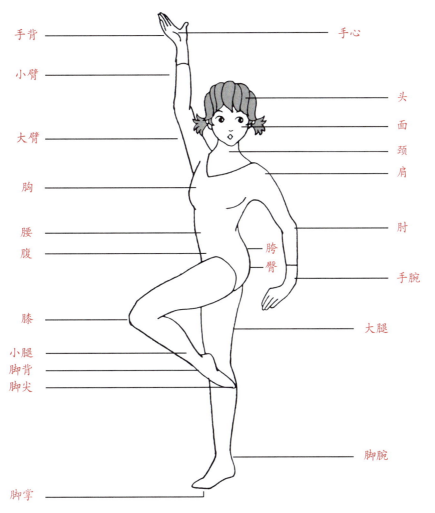

图 1-1 人体各部位名称

图 1-2 抬腿的角度

（1）

图 1-3 手的方位

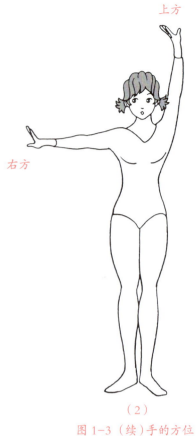

图1-3（续）手的方位

图1-4 人体的平面方位

2. 舞台调度（图1-5）

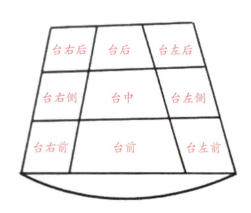
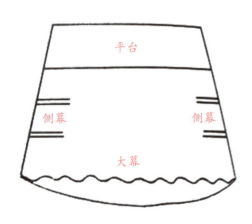

图1-5 舞台调度

3. 常用舞蹈队形图

（1）行进队形。

①走圆形。（图1-6）

②走方形。（图1-7）

③走"之"字形。(图 1-8)

④走斜线。(图 1-9)

⑤走弧线形。(图 1-10)

⑥走半圆形。(图 1-11)

⑦走插花队形。(图 1-12)

⑧走龙摆尾队形。(图 1-13)

图 1-6 圆形　　　　图 1-7 方形　　　　图 1-8 "之"字形　　　图 1-9 斜线

图 1-10 弧线形　　　图 1-11 半圆形　　　图 1-12 插花队形　　　图 1-13 龙摆尾队形

⑨走卷白菜心队形。(图 1-14)

⑩走八字队形(正、反八字形)。(图 1-15)

⑪走剪子股队形。(图 1-16)

⑫走相对之字形。(图 1-17)

⑬围绕圆心走推磨形。(图 1-18)

⑭里外圈(或单双数)舞蹈者在圈上对穿(也可以斜穿错位)队形。(图 1-19)

图 1-14 卷白菜心队形　图 1-15 八字队形　图 1-16 剪子股队形　图 1-17 相对之字形　图 1-18 推磨形　图 1-19 圈上对穿队形

⑮前后排走穿插队形。(图1-20)

⑯走圆心辐射队形。(图1-21)

⑰走圆心汇聚队形。(图1-22)

⑱走二龙吐须队形。(图1-23)

⑲两人走套圈队形。(图1-24)

⑳双圈队圆上走斜穿队形。(图1-25)

㉑走双圈反转队形。(图1-26)

㉒走车轮转队形。(图1-27)

图1-20 穿插队形　　图1-21 圆心辐射队形　　图1-22 圆心汇聚队形　　图1-23 二龙吐须队形

图1-24 套圈队形　　图1-25 圆上斜穿队形　　图1-26 双圈反转队形　　图1-27 车轮转队形

(2)静止队形。

①直行队形。(图1-28)

②横排队形。(图1-29)

③斜排队形。(图1-30)

④半圆形队形。(图1-31)

⑤菱形队形。(图1-32)

⑥三角形队形。(图1-33)

   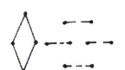

图1-28 直行队形　图1-29 横排队形　图1-30 斜排队形　图1-31 半圆形队形　　图1-32 菱形队形　图1-33 三角形队形

⑦梯形队形。(图1-34)

⑧平行四边形队形。(图1-35)

⑨五花形队形。(图1-36)

⑩五边形队形。(图1-37)

⑪扇形队形。(图1-38)

⑫孔雀开屏形队形。(图1-39)

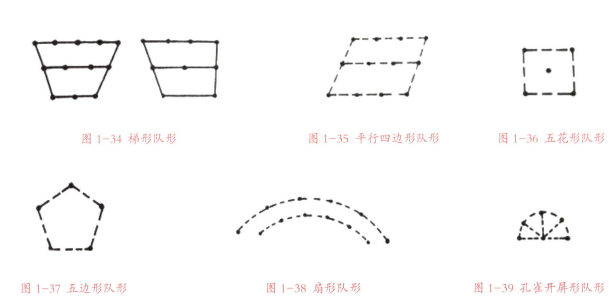

图1-34 梯形队形　　　　图1-35 平行四边形队形　　　　图1-36 五花形队形

图1-37 五边形队形　　　　图1-38 扇形队形　　　　图1-39 孔雀开屏形队形

注：以上队形供舞者记录和创编舞蹈时选用。队形的选择应与舞蹈内容、表演人数、场记安排、舞蹈者的实际水平紧密结合。队形是为舞蹈表演服务的。

二、舞蹈常用术语

在学习舞蹈的过程中，首先要接触专业舞蹈术语。由于舞蹈术语很多，这里只介绍我们必须掌握的部分舞蹈术语。

1. 主力腿

主力腿指动作过程中或形成姿态时，支撑身体重心的一条腿。它同动力腿的配合对身体平衡以及动作姿态的优美有着重要的作用。

2. 动力腿

动力腿指动作过程中或形成姿态时，非重心支撑的一条腿。动力腿可做各种屈伸、摆动等动作。

3. 起势

起势也叫起泛儿，指动作前的准备姿态，技巧前的准备动作。

4. 韵律

韵律是指舞蹈动作中,人体运动的动与静、上与下、高与低、长与短等的结合规律,是一种内在的节奏,是较难掌握的一种动作因素。

5. 身段

身段指演员在舞台表演或训练中,各种舞蹈的形体动作的统称。从简单的比拟手势到复杂的武打技巧,如坐、卧、行、走、甩袖、亮相等都称为身段。

6. 节奏

节奏指节拍的快慢、强弱规律,如其中节拍的强弱变化及交替出现等。节奏为旋律的骨干和乐曲结构的基本因素,也是舞蹈动作的基本要素之一,一切舞蹈动作均在一定节奏下进行。

7. 造型

造型是塑造人物外部形象的艺术手段之一。在舞蹈中人们将静止的动作姿态称为造型。

8. 亮相

亮相指剧中主要人物第一次上场,有时也用于下场,或一段舞蹈、武打完毕之后,在一个短促的停顿中所摆的姿势。

9. 舞蹈动作

舞蹈动作指经过提炼和美化了的有节奏、有韵律的人体动作,是舞蹈艺术的主要表现手段。

10. 舞蹈语言

它由舞蹈动作、舞蹈组合、舞蹈语汇组成。舞蹈语言既包含有一定意义的简单舞蹈动作,又包含较长的动作组合。

11. 舞蹈组合

两个以上的舞蹈动作连接在一起形成一组新的动作称为组合。它包括最简单的、性质单纯的动作连接,也包括最复杂的各种不同性质的动作组合,用来达到某种训练目的或为了表现一段舞蹈思想内容。

12. 舞蹈语汇

它包含了一切具有传情达意的舞蹈动作及舞蹈组合,以及舞蹈构图、舞蹈场面、舞蹈中的生活场景等,是为表达舞蹈作品的主题内容而形成的舞蹈语言的总称。

13. 主题动作

主题动作是指一个舞蹈或舞蹈形象的核心动作,是从音乐主题一词演绎而来的。音乐主题在音乐创作中反复再现,不断重复以加深听者的印象。舞蹈中的主题动作也可以采取不断重复和再现的手法,以突出舞蹈主题思想和塑造典型的舞蹈形象。

14. 舞蹈结构

舞蹈结构指舞蹈作品的组织方式和内部构造,编导根据对生活的认识和舞蹈素材的理解,按照塑造形象和表现主题的需要,运用舞蹈语汇及其他各种艺术表现手法,把一系列生活材料、人物形象、事件情节等分别加以安排和组织,使其既符合舞蹈欣赏的规律,又适应舞蹈作品体裁的要求。

15. 舞蹈构图

舞蹈构图指舞蹈表演中由舞蹈演员的舞姿、运动路线、队形及队列运动形成的画面和图形,舞蹈构图与舞蹈节奏、舞蹈韵律都是构成舞蹈的基本要素。

三、舞蹈记录方法

为了帮助记忆,收集创编、教学和训练素材以及进行舞蹈交流,舞者要了解和掌握一定的舞蹈记录方法。

关于如何记录舞蹈作品,至今尚无统一的方法,使用的名词术语也不尽相同。目前比较简便、实用的记录方法是通过文字记述、曲谱和图示等,把舞蹈作品的全貌记录下来,以便舞蹈作品的收集、存储、教学和交流。记录内容包括内容简介、舞蹈音乐、基本动作、场记和舞台美术五个部分。

1. 内容简介

所谓内容简介即采用简练、生动的文字,将舞蹈作品的主题思想、时代背景和人物的思想感情、性格气质,以及展现主题所设置的典型环境和主要情节介绍清楚,以便编导、排演者能准确地表达主题思想。作为舞蹈教材的舞蹈作品应写出教学提示或教学目的。

2. 舞蹈音乐

舞蹈音乐一般采用简谱记录主旋律。如果有几首乐曲就按顺序将其编为曲一、曲二……为了便于记录场记,在主旋律谱上标出小节数,有歌词和乐曲,也可用歌词来代替小节数,将歌词和句数加以标明。在记录音乐时,必须将演奏上的要求,如表情术语、力度、速度等,在乐谱上加以标明;乐曲的演奏顺序、编数,伴奏用的乐器及音响效果等,则可用文字在乐谱上加以标明。

3. 基本动作

基本动作主要是记录舞蹈作品中反复出现的一些简单动作或较难的动作。场记的基本动作记法,是按照每个基本动作在舞蹈中出现的先后次序,逐一用详细的文字(动作名称、动

作节拍、身体方位、人体重心、动作起止路线等）说明跳法并配上插图。

在记录人体部位的动作时，一般都是从下向上先记脚、腿的动作，再记手臂、躯体和头部的动作。也可反方向记录。

当记录脚、腿的动作时，哪条腿先动就先记哪个，手臂的动作也是如此。在记录下一拍的动作时，如果手或腿保持上一拍动作的姿势没有变化，则可省略不记。

当记录躯体和头部的动作时，躯体拧向一侧或前合后仰，以及头部的方向和身体方向不一致或有明显变化时，必须加以说明。没有明显变化，可以省略不记。

还有一些舞蹈动作，是4拍音乐一遍，在第1至第2拍里一只脚和手做了一个动作，第3至第4拍换了另一只脚和手做同样动作，动作相同方向相反，这样可简单地记成"第3至第4拍：动作同第1至第2拍，方向相反"即可。有的动作腿、脚部分相同，而手臂动作稍有变化，这时只要将手臂动作的变化加以注明即可。

配有动作插图时，要画得准确，再配合简明的文字说明，图文结合，易于看懂。

4. 场记

场记即通过舞台调度和文字说明及必要的动作插图，把一个舞蹈的情节、动作、造型、队形与演员位置的变化、表演要求等，分段记录下来，比较完整地反映整个舞蹈作品的表演过程。

5. 舞台美术

舞台美术包括服装、化妆、道具、布景、灯光等。它在舞蹈中，为人物的活动提供所需环境，显示时代特征，烘托舞台气氛，协助舞蹈更好地揭示主题和塑造人物形象。舞台美术可通过图画、文字的结合来记录。

由于记录舞蹈的目的不同，舞蹈作品本身的特点也不同，所以，在记录过程中要从实际情况出发，参照以上记录方法，简述或详述。

学生平时舞蹈课记笔记，可按照教学顺序或所学内容形式归类记录。记笔记前一定要做好复习，笔记应有对重点、难点、基本动作的分析和教学目的或提示的记录。

第二章 舞蹈基本功训练

第一节 中国古典舞训练

一、基本脚位

1. 脚的基本位置

在舞蹈训练中,首先要掌握脚的基本位置,即舞蹈者在表演时的正确站位。一切舞姿和技巧都必须站在一个恰当的位置上才能做出。

(1)正步:身向1点,两脚靠紧,脚尖向前,重心在两脚上。(图2-1)

(2)丁字步:身向1点,一脚脚跟靠在另一脚脚心处,两脚脚尖分别向2、8点,重心在两脚上。左脚在前称为"左丁字步",右脚在前称为"右丁字步"。(图2-2)

图2-1 正步

图2-2 丁字步

(3)小八字步:身向1点,两脚脚跟相靠,脚尖分别向2、8点,重心在两脚上。(图2-3)

(4)大八字步:身向1点,两脚分开约与肩同宽,脚尖分别向2、8点,重心在两腿中间。(图2-4)

图 2-3 小八字步　　　　　　　图 2-4 大八字步

（5）踏步：

小踏步：身向 2 点，头向 1 点，双脚在右丁字步位置上，左腿直立为重心，右脚向 6 点撤步，脚掌虚踏地，膝稍弯，两膝内侧相靠。（图 2-5）

大踏步（大掭步）：头向 2 点，在小踏步位置上，左腿屈膝半蹲，右腿绷直向 6 点撤步，脚背贴地或脚掌踏地，大腿内侧相靠。（图 2-6）

图 2-5 小踏步　　　　　　　图 2-6 大踏步

（6）弓箭步：

弓箭步：丁字步准备，前腿向 3 点或 7 点方向伸出，屈膝，小腿与地面垂直，与大腿成稍大

于90度的钝角,后腿绷直,脚尖向1点,重心在两腿中间。两肩和腿在一平面上,尽量开胯,臀向前顶。(图2-7)

前弓箭步:在弓箭步位置上,上身与屈膝腿同一方向。(图2-8)

图2-7 丁字步准备　　　　　　　　　　　图2-8 前弓箭步

(7)虚步(前、后点步):

前点步:在小八字步位置上,一脚向前绷脚点地,重心在另一脚上。(图2-9)

后点步:在小八字步位置上,一脚向后绷脚点地,重心在另一脚上。(图2-10)

图2-9 前点步　　　　　　　　　　　图2-10 后点步

（8）扑步：经正步位或吸腿后，一腿深蹲，另一腿直膝往旁滑。（图2-11）

图2-11 扑步

二、基本步伐

"步伐"在舞蹈训练中占有很重要的位置。它是一种在舞蹈艺术中经过长期实践积累起来的富于深刻表现力和风格的韵律动作，对舞姿、舞蹈技巧具有连接和辅助作用。

1. 圆场

（女）正步准备。左脚跟迈在右脚尖前。重心前移，当左脚由脚跟压到脚掌时，右脚向前迈在左脚尖前，平衡地连续上步。

（男）正步准备。在正步基础上，保持平稳地上步移动，双膝略屈，迈步时，两脚间距离不能小于30厘米。

（1）训练步骤：

① 由慢而快，熟练后，快、慢交替练习。一般以中速为宜。慢速1拍1步，快速1拍2步、4步，必须与音乐节奏吻合。

② 行走路线可有多种变化，先从大圆圈练起，然后变换路线和方向，头、手的方向和姿态要协调一致。

（2）动作要求：

① 身体要松弛，呼吸要自如。

② 要防止膝盖僵硬或塌腰、撅臀、上身晃动。

③ 慢圆场：从脚跟到脚掌移动的过程要均匀用力、连贯、两腿靠拢、上身平稳，不能前后摆动、上下颠动。

④ 快圆场：上步和移动速度要快，平稳、连贯，上身稍向前进方向倾斜。

⑤ 男性圆场上身要正、直、挺胸、立背,山膀要有力。

2. 碎步(又名花梆步)

准备:正步位,半脚尖站立,膝部略屈。双脚掌向前(后、旁)快速移动,两步间距约10厘米。手的动作可双托掌、双山膀加上晃手,或顺风旗左右摆动,或双手胯前交叉再分开。

(1)训练步骤:

① 先向旁做。

② 再向后做。

③ 最后向前做。

④ 身向1点,做向前—向旁—向后—向旁推磨式的圆圈练习。

⑤ 先做1拍2步,再做1拍4步。

(2)动作要求:

① 迈步要连贯、轻巧,脚掌不能离地过高,步子不能太大。

② 小腿要灵活,两腿靠拢,移动时主要用小腿的力量。

3. 云步

双脚轮番用脚跟和脚掌往后蹮,第一个动作双脚脚尖相碰,第二个动作双脚脚跟相碰,反复进行。手的动作可双手叉腰,或双背手、双晃手。

(1)训练步骤:慢速1拍蹮1步,快速1拍2步或4步。

(2)动作要求:

① 在移动时双腿力量要均衡,并同时蹮动。

② 做正八字步时两腿内侧靠拢,反八字步时两脚脚尖向里,膝关节松弛,上身保持平稳。

4. 磋步

右脚上步后,左脚前掌于右脚跟处追一步。左脚起,动作相同。

(1)动作要求:

① 上身保持平稳,随迈步均匀移动重心。

② 后脚要跟得紧,动作应干脆利索。

三、手位与手臂训练

1. 手型

(1)基本掌形:

（女）四指挺直微向上翘,中指突出,拇指靠中指根呈兰花状(也称兰花手)。(图2-12)

（2）指：

（女）拇指尖与中指尖相碰,食指挺直微向上翘,小指微抬,称兰花指。(图2-13)

图2-12 兰花手

图2-13 兰花指

（3）拳：

女拳：拇指与食指、中指捏在一起,四指与小指微屈。(图2-14)

2. 手位

（1）山膀：

（女）手保持兰花手形,手臂架圆,平抬于身旁,与肩平,往外用力,手心向后。(图2-15)

图2-14 拳

图2-15 山膀

（2）按掌：

（女）兰花手置于胸前约15厘米处,手心向下,手指上翘,往下用力。(图2-16)

（3）托掌：

（女）手保持兰花手形,手臂呈圆弧形,手心向上,托于头前上方。(图2-17)

图 2-16 按掌　　　　　　　　图 2-17 托掌

（4）提襟：

（女）用拳或兰花手形，小臂微屈呈圆弧形，置于体旁前位。（图 2-18）

（5）双山膀：双手山膀。（图 2-19）

图 2-18 提襟　　　　　　　　图 2-19 双山膀

（6）顺风旗：一手托掌一手山膀。（图 2-20）

（7）双托掌：双手托掌。（图 2-21）

图 2-20 顺风旗　　　　　　　图 2-21 双托掌

（8）托按掌：一手托掌，另一手按掌。（图2-22）

（9）山膀按掌：一手山膀，另一手按掌。（图2-23）

图2-22 托按掌

图2-23 山膀按掌

（10）冲掌：一手端掌，一手体侧斜下方。（图2-24）

（11）双提襟：双手空心拳于胯的两侧。（图2-25）

图2-24 冲掌

图2-25 双提襟

3. 手臂的动作

（1）撩掌：手心向上，以手腕带动手臂，从身旁向上撩起。

（2）盖掌：手心向下，手臂由头上方向下盖至胸前，手臂弯曲。

（3）切掌：动作同盖掌，区别在于切掌掌心向里，手背向外，如刀切状。

（4）穿掌：手心向里，手指由胸前向上穿，至头上方时，快速翻腕，呈手心向上状，然后向旁打开。

（5）摊掌：经绕腕手心向前，手指下摊，可置于胸前或肩以下其他部位。

（6）晃手：兰花手或兰花指，双手或单手在身前或体侧做围绕前后轴的立圆运动，腰做八字圆运动，动作可大可小，可快可慢，各个方向均可。

（7）云手：双手相距约50厘米，左、右手在身前依次做上下八字圆盘腕运动，加手腕的翻转运动，两手方向相反。

（8）盘手：手指带动手臂，手心向上，向里平绕一圈至托掌位为内盘手。反向为外盘手。

（9）分掌：手臂经过胸前撩掌，用手腕的力量向外分开。

（10）大刀花：兰花手或刀掌，两手先交叉合抱于胸前。侧转身，手在身体右侧做立圆运动。两手方向相反。

（11）小五花：两掌掌心相对，手腕相靠，交叉在胸前，右手在上，以手腕为轴，左手向外，右手向里转半圈成手心相对，指尖向两旁，继续转半圈成左手在上，可连续做。

（12）风火轮：整个手臂跟着腰部做围绕左、右横轴的加拧转的八字圆运动，可加上角度、速度的变化。

四、训练组合

1. 身体活动组合

（1）音乐：

$1=C$ $\frac{4}{4}$

佚　名　曲

（乐谱）

D.C.
（反复4遍）

（2）动作说明：

准备：小八字步，双手后背。

第1遍音乐：

第1小节：头向左绕颈1周。

第2小节：向左小踏步，头经上弧线向右斜下方看。

第3小节：向左移动重心成右踏步，左手向左斜下方伸出。

第4小节：左手向内盖手并向斜下方打开，脚收回成小八字步位。

5—8小节：反面重复1遍。

第2遍音乐：

第1小节：双手交叉涮腰，旁腰，前腰，立直。

第2小节：含胸，左脚后撤，双手成右顺风旗。

第3小节：双手由左向右双晃手成右风旗。

第4小节：收左脚成正步位，左右交替晃手。

第5小节：左右快晃手，撤左脚成左踏步。

第6小节：蹲，双晃手向左翻身，双手经下弧线分手成左顺风旗。

7—8小节：盖右手成左山膀按掌位，向右圆场走1圈，双手胸前交叉。

第3遍音乐：

1—8小节：重复第2遍动作，双手后背收手于臀部，右踏步位。

第4遍音乐：

第1小节：右踏步蹲，含胸，双盖手成山膀位。

第2小节：重复第1小节动作。

第3小节：向右伸腿旁点、下右旁腰。

第4小节：向右移中心下蹲，双手上下分开至左顺风旗位。

第5小节：撤左脚踏步蹲，双盖手成山膀位。

第6小节：重复第5小节动作。

第7小节：向左伸腿旁点，下左旁腰。

第8小节：向左下蹲移重心，双手上下分开至右顺风旗位收手于臀部。

2. 古典舞蹲组合（以右为例）

（1）音乐：

1=C 4/4

林 海《欢沁》

6. 6 #5 - | 6. 6 #4 - | 4 1 4 4 5 2 7 5 | 6 3 1 6 3 5 5 6 |

6 - 3 - | 7 1 7 6 - | 6 6 7 1 7 5 | 6 - - - |

6 - 3 - | 1 2 3 5 3 - | 6 6 7 1 7 5 | 6 - - - |

$\dot{6}$ - $\dot{3}$ - | $\underline{\dot{7}\dot{2}\dot{1}\dot{7}}$ $\dot{6}$ - | $\underline{\dot{6}\cdot\dot{6}}$ $\underline{\dot{7}\dot{1}}$ $\dot{7}$ 5 | $\dot{6}$ - - - |

$\dot{6}$ - $\dot{3}$ - | $\underline{\dot{1}\dot{2}}$ $\dot{5}$ $\dot{3}$ - | $\underline{\dot{6}\dot{7}\dot{1}\dot{2}}$ $\underline{\dot{7}\dot{1}\dot{7}\dot{6}}$ 5 | 6 - - $\underline{67}$ |

$\underline{\dot{1}\dot{1}\dot{1}}$ $\dot{1}$ $\underline{5\,5\cdot}$ 6 | $\underline{3\,3\,3}$ $3\,3$ $3\cdot$ 3 | $\underline{\dot{1}\dot{1}\dot{1}}$ $\dot{1}$ $5\,5$ $\underline{67}$ | $\underline{3\,3\,3}$ $3\,3$ $3\cdot$ 3 |

$\underline{\dot{4}\dot{4}\dot{4}}$ $\dot{4}\dot{1}\dot{7}$ - | $\underline{\dot{3}\dot{3}\dot{3}}$ $\dot{3}\,\dot{7}\,6$ - | $\flat\dot{3}\,\sharp\dot{4}\,6\,\dot{1}\,\flat\dot{3}\,\dot{1}\,\dot{7}\,6$ | 7 $\underline{3\,3\,3\,3}$ 3 - ‖

（2）动作说明：

前奏：单手扶把正步位站（4拍），单手盖手下弧线到单山膀位（4拍）。

1—2小节：正步两次半蹲，单手山膀位。

3—4小节：单手盖手经下弧线到单山膀位，1次正步蹲，1次立半脚尖落，脚下变八字步，右手盖手至山膀位。

5—6小节：八字步半蹲2次，手不动。

7—8小节：盖手八字步蹲1次，立半脚尖1次，右手经下弧线至胸前按掌，向右下弯腰，右脚擦地落大八字位。

9—10小节：1次大八字位蹲向里下旁腰，右手撩掌至头顶，1次大八字位蹲向外下旁腰，右手分掌至胸前按掌。

11—12小节：大八字位半脚尖立，右手经下弧线至头顶斜上方停住。

13—14小节：向里移重心，右脚向前上步成左踏步位，右手经下弧线至后背臀部。

15—16小节：背手踏步蹲两次，身体向把杆外侧拧。

17—18小节：1次慢蹲，右手向里盖手至斜下位停住。

19—20小节：撤右脚成左单腿中心站立，右手经下弧线至头正前斜上方，托掌后向右抹手右转身移重心成左踏部位右拧身，左手胸前按掌。

21—24小节：左踏步位半蹲1次，舞姿不变，慢蹲1次。

25—28小节：左踏步位半蹲1次，舞姿不变，慢蹲1次，收左脚成八字步位，双手上分手至后背臀部。（结束）

3. 扶把小踢腿（单手扶把五位脚）

（1）音乐：

1=C 2/4

佚 名 曲

第1段

5. 5 5 3 | 1 1 5 | 3 5 6 5 3 | 3 1 5 | 5. 5 5 3 | 1 1 6 | 2 2 1 7 6 | 5 6 5 ‖

第2段

3. 3 5 1 | 3 3 5 | 4. 3 2 1 | 6 - | 7 7 6 | 5. 6 7 1 | 7 7 5 3 2 | 1 1 ‖

第3段

转 1=F

0 3 0 3 | 0 3 0 3 | 0 4 0 4 | 0 3 0 3 | 0 4 0 4 | 0 4 0 4 | 0 4 0 4 | 0 4 4 ‖

第4段

3. 3 5 1 | 3 3 5 | 4. 3 2 1 | 6 - | 7 7 6 | 5 6 7 1 | 2 2 7 3 2 | 1 1 ‖

（2）动作说明：

准备：右手经二位打开至七位。

第1段音乐：

1—2小节：右腿前踢2次，点地2次，收前五位。

3—4小节：右腿旁踢2次，点地2次，收后五位。

5—6小节：右腿后踢2次，点地2次，收后五位。

7—8小节：右腿旁踢2次，点地2次，收前五位。

第2段音乐：

1—2小节：右腿前踢3次，第4次停住点地，收前五位。

3—4小节：右腿旁踢3次，第4次停住点地，收后五位。

5—6小节：右腿后踢3次，第4次停住点地，收后五位。

7—8小节：右腿旁踢3次，第4次停住点地，收前五位。

第3段音乐：

1—2小节：前踢1次，后踢1次（2拍1次）。

3—4小节：前、后、前各踢1次（1拍1次，停1拍）。

26

5—6小节:后、前、后各踢1次(1拍1次,停1拍)。

7—8小节:前踢停1拍,后踢停1拍。

结束:后腿点地收回五位,手由七位收回一位。

第4段音乐:

重复第3段动作。

4. 古典舞腰组合(以右为例)

(1)音乐:

1=F 4/4

佚 名曲

(2)动作说明:

前奏:(1—2小节)正步蹲起身,目视前方。

第1小节:右手经体前上举至斜上方,掌心向里,身体上扬,眼看右斜上方。

第2小节:右手按掌至胸前,向后下胸腰控制。

第3小节:动作同第1小节,立半脚尖做。

第4小节:动作同第2小节,立半脚尖做(4拍结束)。

第5小节:右手经下弧线撩掌至头顶,半脚尖落下。

第6小节:右脚擦地向前,右手单托下前腰,主力腿下蹲。

第7小节:向前移重心成右弓箭步位,右手自头顶向旁打开成单山膀位(手心向上)。

第8小节:向后移重心成前点步位蹲,右手收到体旁后向前斜下方伸出(手心向下),含胸低头。

第9小节:向前移重心身体逐渐站直,右手经下弧线向右斜下方打开,向右下旁腰(4拍完成),重心向后移成前点步位,身体含胸后靠,右手经体旁向前撩手至斜下方。

第10小节:向前移重心,挑腰向上盖手再至右斜下位(手心向下)。

第11小节：右手向前撩手至前斜托掌心，重心不变，向左移身面对把杆下左旁腰。

第12小节：两拍向左移重心站直，右手向右打开成山膀位立掌，身体向右下弯腰，两拍动作还原。

第13小节：重心由右经大八字步半蹲向左移动，右手经体前盖手至右斜下方（手心向下），身体经含胸后向右下方弯腰。

第14小节：收右脚成踏步蹲，右手按掌于胸前，（2拍）向右拧身，转至卧鱼拧身腰姿态停止（眼看斜上方，身体尽量躺）。

第15小节：卧鱼起身向左拧转至左手单扶把位，收右手右脚成正步位结束。

5. 古典舞舞姿控制（扶把）

（1）音乐：

佚名曲

$1={^\flat}B \quad \dfrac{4}{4}$

（2）动作说明：

准备：左侧对把杆，双膝跪地，上身前倾，双手于脸前交叉按掌。

前奏：（1—2小节）原地呼吸起伏1次还原。提气双手向上分开至身体两侧，还原成坐姿。

第1小节：提气双腿跪立，右手向前伸出后收回右胯边，左手在右手收回时向前伸出（手背带动，手心向下），回到跪坐姿势，眼睛看把杆外侧。

第2小节：呼吸提沉，右手由下向上再向后画1圈，左手跟随成右顺风旗位，身体随呼吸起伏,双腿吸气时跪立,呼气时跪坐,眼睛看把杆外侧。

第3小节:前2拍吐气,身体前倾,手成右托掌位,身体向右拧,双脚跪坐;后2拍,身体逐渐立直,右脚上步身体站起,左脚并步,左手扶把正步做右单山膀位。

第4小节:左脚勾脚向前踢起之后收到右前交叉位,右脚屈膝右胯放松出胯,右手向前伸出后收回右胯边按掌,头向右侧倒,眼看正前方。

第5小节:动作同第4小节,右手收手成右托掌位,身体略右拧,眼睛看把杆外侧。

第6小节:左脚落成双立半脚尖位,右手从头顶向右画圈,成双扶把向左拧身抬右后腿成大射雁舞姿,眼睛看左斜上方。

第7小节:落右脚成双立半脚尖位,右手经下弧线打开向上至胸前按掌手位,身体转正,抬左后腿,主力腿半蹲。

第8小节:落左脚,右脚向旁横迈1步成右单腿为中心下蹲,向左下旁腰,右手打开至托掌位,向左移中心,动作相反,手到胸前按掌位下右旁腰。

第9小节:收右脚正步蹲后向前伸出右脚成左单腿中心蹲,吐气,右手带动向上画弧线打开成右顺风旗位,身体向右拧身。

第10小节:左手不动,右手在右斜下方盘手,撤右脚成大踏步位,身体带动手臂向左横拧身,左手扶把,右手成山膀位,眼睛看把杆内侧。

第11小节:主力腿站立,右腿小腿弯曲,右手撩掌成单托掌位,立半脚尖控制。(前2拍站立,后2拍半脚尖控制)

第12小节:碎步右手向前伸出后拉回胯边按掌,右脚勾腿向上吸气,主力腿蹲,身体向外拧身。(重复2遍)

第13小节:同第12小节动作,手变成右单托掌。

第14小节:碎步右脚前点,身体后躺,右手右斜上方扬掌(姿态斜腰),碎步左脚前点,身体前倾,右手经体前画弧线向下打开至单山膀位。

第15小节:碎步左脚后点,身体前倾,右手按掌,眼睛看右后斜上方,碎步右脚后点,身体上扬,右手向外画弧线后向前托起。

第16小节:后腿伸直离地,主力腿站直,右脚由后向前画圈,同时右手向里盖手后向斜后方撩起。左腿半蹲,右腿在左膝上盘腿,身体前倾并向把杆外侧拧身成小鹰展翅舞姿结束,右手撩起后停在右后斜上方,眼睛看手的方向。

6. 踢腿训练

（1）音乐：

① 大踢腿（前后）把上。

佚 名 曲

1=C 4/4

(5 2.4 3 7.2 | 1 - - 5) | 5 3.4 5 3.1 | 6 5 - 3.4 |

5 6.7 1 7.6 | 2 - - 2.3 | 4 4.5 6.5 4.6 |

5 3 - 2.3 | 4 6.1 7 1.2 | 1 - - - ‖

D.S.
（反复3遍）

② 大踢腿（旁）把上。

(2 3 4 5 6 7 1 2 | 1 5 1 -) | 5 3.4 5 6 | 5 3 4 5 1 | 2 6.6 6 7.1 |

1 7 6 5 - | 6 4 5 6 2 | 5 3 4 5 7 | 2 3 4 5 6 7 1 2 | 1 5 1 - ‖

D.S.
（反复3遍）

（2）动作说明：

① 前踢腿：正步位准备。（音乐反复3遍）

前奏准备：双手盖手拉开成山膀位。

第1遍音乐：

1—8小节：前踢点地（双山膀）。

第2遍音乐：

1—8小节：交替前踢点地（双山膀）。

第3遍音乐：

1—8小节：交叉行进前踢（双山膀）。

结尾：双盖手至背后。

② 旁踢腿：小八字步准备。（音乐反复3遍）

前奏准备：双手盖手成山膀位。

第1遍音乐：

1—8小节：旁踢点地（双山膀）。

第2遍音乐：

1—8小节：交替旁踢（双山膀）。

第3遍音乐：

1—8小节：交替转体旁踢（托按掌）。

结尾：双盖手收。

③后踢腿：小八字步准备。（用旁踢腿音乐反复4遍）

前奏准备：面向8点，双手拉开成双山膀，右腿前点。

第1遍音乐：

1—8小节：8拍1次，后踢4次（双托掌）。

第2遍音乐：

1—8小节：4拍1次，后踢6次，最后两个4拍双立半脚尖，双托掌，转身反面准备。

第3遍音乐：

1—8小节：8拍1次，后踢4次。

第4遍音乐：

1—8小节：4拍1次，后踢6次，最后两个4拍双立半脚尖，跑下场换第2组。

7. 古典舞小跳

（1）音乐：

佚 名 曲

1=F 2/4

| 5̲6̲5 6̲7̲ | 1̇ 1̇ | 5̲6̲5 3̲̇5̲ | 5̲6̲5̲ 4 | 4̲5̲4 2̇ 4 | 4̲5̲4̲ 3 |

| 2̲3̲2 6̲6̲ | 6̃ 5. | 5. 4̲3̲2̲ | 2̲3̲2̲1 | 3̲4̲3 1̇ 3 | 2̲3̲2̲1 |

| 2̲3̲2̲ 7̲3̲ | 2̲3̲2̲1 | 1̲2̲1̲6̲ 6̇ | 6̇ 3̇ | 3̇ 3̇.3̲ 5̲ 1̇ | 1 1̇ :||

（2）动作说明：

准备：双手叉腰，面向1点正步位站。

1—2小节：双手叉腰，4次正步跳（1拍1次）。

3—4小节：双山膀位，4次八字步跳（1拍1次）。

第5小节：向右蹦跳1次，双托掌（1拍），向左蹦跳1次，双背手（1拍）。

第6小节：右左交替前踢步1次，双手拉开至斜上位。

7—8小节：重复5—6小节动作，结束时落成面向8点方向。

9—10小节：双手按掌后分成右顺风旗位，双腿射雁跳4次。

11—12小节：重复9—10小节动作，面向2点方向，反方向做。

第13小节：右左交替托按掌吸腿跳2次。

第14小节：右左交替点地跳，双手成山膀位后至后背臀部，交替做。

15—16小节：重复13—14小节动作，点地跳时变成面对面。

17—18小节：重复5—6小节动作，互换位置。

8. 古典舞吸腿跳（4小节准备，站6点方向）

（1）音乐：

佚 名曲

（2）动作说明：

第1遍音乐：

1—4小节：右左交替吸腿跳，向斜前方跑。

5—16小节：连续做6次。

第2遍音乐：

1—16小节：反方向重复1遍。

9. 古典舞射雁跳

（1）音乐：

民间音乐

$1=C$ $\frac{2}{4}$

（乐谱）

（2）动作说明：

4小节准备：面向8点，双手至后背臀部。

第1遍音乐：

1—8小节：4次射雁跳，右顺风旗。

9—16小节：正步蹲双盖手，立半脚尖双托掌向左自转1周。

第2遍音乐：

1—16小节：反面重复第1遍动作。

结束：上右脚，双手上分后，至后背臀部。

10. 古典舞中跳

（1）音乐：

佚 名 曲

$1=C$ $\frac{6}{8}$

（乐谱）

（2）动作说明：

4小节准备：大八字位准备，双手拉开至山膀位。

第1遍音乐：

1—3小节：3次中跳。

第4小节：停顿盖手至山膀位。

5—8 小节:重复以上动作。

第 2 遍音乐:

1—8 小节:重复第 1 遍 8 小节动作。

11. 古典舞吸腿转

（1）音乐:

陕西民歌《知道不知道》

（2）动作说明:

4 拍准备:面向 7 点方向,双手放至后背 5 点位置。双手向体侧拉开,右手按掌于胸前,左腿蹲,右脚前点,眼看 1 点。

1—2 小节:上步吸左腿转,双手托掌于头的斜上方,指尖向外。

3—4 小节:左腿落地单腿蹲,右脚前点,双手还原到左山膀按掌位。

5—16 小节:反复进行以上动作。

12. 古典舞点地翻身

（1）音乐:

佚 名 曲

（2）动作说明:

两小节准备:面向 3 点,双手放至后背臀部。

第1遍音乐：

1—2小节：4拍做半翻身，4拍返回。

3—4小节：重复1—2小节。

5—6小节：4拍翻身1周，4拍停顿。

7—8小节：前4拍翻身1周，后4拍（2拍起身，2拍转身）反面7点旁腰停住。

第2遍音乐：

1—8小节：反方向重复以上1—8小节动作。（结束收手于臀部）

13. 古典舞身韵步伐组合

（1）音乐：

1=E 4/4　　　　　　　　　　　　　　　邹建平《云水禅心》

| 3 3 5 6 1 6 - | 6 1 5 6 2 3 - | 2 2 5 3 2 3 6 1 | 6 3 3 2 1 2 - |

| 3 3 5 6 1 6 - | 6 1 5 6 2 3 - | 2 2 5 3 2 3 6 1 | 6 2 5 6 7 6 - |

| 2　4 2 4 5 6 5 | 6 2 1 2 5 6 - | 6　1 6 1 2 3 2 | 2 3 3 5 7 6 6 - |

| 3 3 5 6 1 6 - | 6 1 5 6 2 3 - | 2 2 5 3 2 3 6 1 | 6 2 5 6 7 6 - |

（2）动作说明：

准备：从7点方向出场，背向1点方向，左手后背，右手向旁打开。

前奏：从7点方向走圆场步，走至中间后上左脚，收右手于臀部，眼看左斜下方。

第1小节：右转身上右脚，右手上分手向外打开，提沉1次；提沉第2次时左手上提成右顺风旗姿势，眼看2点方向。

第2小节：左踏步位提沉1次，盖左手穿右手打开至右顺风旗位1次，含胸吐气盖左手至左斜下方，出左脚旁点。

3—4小节：重复1—2小节动作，做反面。

第5小节：面向8点方向前踢右脚，收脚花梆步，双手由左向右双晃手，重复2遍。上右脚向右转身成左大踏步位，左手按掌至胸前，右手撩掌至右斜上方，眼睛看右手方向。

第 6 小节：两拍左脚上步踮步，两拍右脚上步踮步，上左脚时双手举向左斜上方，上右脚时双手举向右斜上方，身体拧向 4 点方向，向左转身上左脚面向 1 点方向，右脚向右打开旁点，双手向右双晃手 1 周。重心向右移动后回到左边，收右脚成右小踏步位半蹲，双手托掌停在左斜上方，眼睛看 8 点方向。

第 7 小节：双背手，右左交替走掰扣步，两拍 1 次。

第 8 小节：掰扣步加右左双摆手各 1 次，花梆步后退，双手拉开后右手收至脸左下方，左手收至右胯边，手心向外，左脚旁点单腿蹲。

第 9 小节：右脚向 8 点方向上步，左脚踏步位，双手经体前向两侧推开。并步盖手含胸，上分手提气，吐气左手放至后背，右手托掌在脸左侧方停住，中心移向左脚，右脚旁点地，眼睛看右斜下方。

第 10 小节：向右移中心两次，右手盖手至右斜上方停住，手心向下，左手由下向上轮臂，身体向左转身面向 5 点方向，脚下移重心成右大踏步蹲位。

第 11 小节：原地提沉 1 次，左手晃手成左顺风旗位，向右转身上右脚，双手体前由左向右抹手，右手后背于臀部，左手托掌停在脸右侧位，脚下成右单腿重心。

第 12 小节：左右交替 2 次，半脚尖迈步向 2 点方向，左手随动作前后摆动，右手不变，提气向右圆场步转身成左踏步位，双手按掌在胯边，眼睛看 1 点。

第 13 小节：圆场步左转身成右踏步位，双手托按掌，眼睛看 1 点，反面重复 1 遍。

14—16 小节：圆场步左转身向 3 点方向下场，手成顺风旗托掌位。

第二节　芭蕾舞训练

一、手的形状和位置

手的位置是芭蕾舞训练中的重要组成部分，它不仅是配合各类动作完成各种舞姿造型的关键，也是芭蕾舞训练中保持身体平衡、构成美的线条和画面的主要因素。因此，手臂运动的路线、方向，掌握得正确与否，将直接影响完成各类动作的质量和艺术表现力。

1. 手的形状

五指放松，拇指向中指靠拢，肩、手臂、手成一延长的没有棱角的弧线。（图 2-26）

2. 手的位置

一位手：保持基本手臂形状，双手下垂于髋前，稍离开身体，手心向里，两手之间相距约10厘米。（图2-27）

图2-26 手的形状

图2-27 一位手

二位手：保持一位手的形状，抬至身体前，手心向里。（图2-28）

三位手：保持二位手的形状，抬至头的前上方。（图2-29）

图2-28 二位手

图2-29 三位手

四位手：一手二位，另一手三位。（图2-30）

五位手：一手三位，另一手平抬于肩旁。（图2-31）

图2-30 四位手

图2-31 五位手

六位手：一手二位、另一手平抬于肩旁。（图2-32）

七位手：双手平抬于两肩旁，上臂低于肩，肘和小臂低于上臂，手心向斜前方，两臂成一延长的大弧形。（图2-33）

图2-32 六位手

图2-33 七位手

要求：

① 注意每个位置的准确性，并在最初的练习中，加上头和眼睛的配合。

② 注意两肩下沉，特别是三位要防止耸肩。

二、脚的位置

芭蕾训练的基本要点是身体的外开性，而外开基础训练是通过脚的五个外开位置进行的，因此，脚的基本位置是芭蕾训练中的一个重要内容。

一位脚：脚跟靠拢，两脚外开，两脚跟相对成一字形。脚尖与双肩成一水平线。（图2-34）

二位脚：两脚在一位脚的基础上直线向旁分开，两脚脚跟相距20—30厘米。（图2-35）

图2-34 一位脚

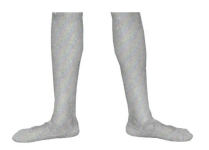

图2-35 二位脚

三位脚：两脚外开，一脚脚跟紧贴在另一脚的脚心位置。（图2-36）

四位脚：两脚外开，一脚在前，另一脚在后，一脚脚尖对另一脚的脚跟，两脚相距20—30厘米。（图2-37）

五位脚：在四位基础上，前脚收回与后脚并拢，双脚贴紧，保持外开。（图2-38）

图 2-36 三位脚

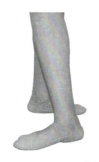
图 2-37 四位脚

图 2-38 五位脚

三、身体素质与软开度训练

地面动作与软开度训练，是在双腿没有体重负担的情况下，进行各种关节、韧带、肌肉的素质训练和能力训练，对于初学者在尚未有能力控制自己身体的情况下，这是一种较好的和较科学有效的训练手段。

1. 地面绷、勾脚练习

此练习主要训练脚和脚腕关节的灵活性，同时增强腿部肌肉，拉长跟腱和韧带，使腿部逐步达到直、绷、开的要求。（图 2-39、图 2-40）

图 2-39 地面绷脚练习

图 2-40 地面勾

2. 仰卧 90 度抬腿、吸伸腿练习

此练习主要训练正确的抬腿、伸腿及肌肉伸长和外开的感觉。（图 2-41）

3. 仰卧、吸伸、分腿 90 度练习

此练习主要训练胯的开度和腿的控制能力，以及肌肉的拉长感觉。（图 2-42）

图 2-41 仰卧 90 度抬腿、吸伸腿练习

图 2-42 仰卧、吸伸、分腿 90 度练习

4. 劈竖叉练习

此练习主要训练前后腿的柔韧性。（图 2-43）

5. 弯腰练习

此练习主要训练腰的柔韧性和灵活性。（图 2-44）

图 2-43 劈竖叉练习　　　　　　　　　图 2-44 弯腰练习

6. 踢腿练习

此练习主要训练腿的软度、速度和爆发力，增强腿部的肌肉力量。

四、动作组合

1. 压腿（双手三位，面向把杆）

（1）音乐：

1=A 4/4　　　　　　　　　　　　　　　　　　　　　　　佚 名曲

$\underline{5.\ \underline{5}}\ \underline{5}\ \underline{5}\ \underline{0\underline{5}}\ \underline{1\ 3}\ |\ \underline{5.\ \underline{5}}\ \underline{5}\ \underline{5}\ \underline{0\underline{5}}\ \underline{1\ 3}\ |\ \underline{5.\ \underline{3}}\ \underline{1.\ \underline{3}}\ \underline{5.\ \underline{3}}\ \underline{1.\ \underline{3}}\ |$

$\underline{5.\ \underline{4}}\ \underline{2}\quad\underline{0\underline{5}\ \underline{7}\ 2}\ |\ \underline{4.\ \underline{4}}\ \underline{4}\ \underline{4}\ \underline{0\underline{5}\ \underline{7}\ 2}\ |\ \underline{4.\ \underline{4}}\ \underline{4}\ \underline{4}\ \underline{0\underline{5}\ \underline{7}\ 2}\ |$

$\underline{4.\ \underline{4}}\ \underline{4}\ \underline{4}\ \underline{4\ 7}\quad 6\ |\ 3\ -\quad\underline{0\underline{5}}\ \underline{1\ 3}\ |\ \underline{5.\ \underline{5}}\ \underline{5}\ \underline{5}\ \underline{0\underline{5}}\ \underline{1\ 3}\ |$

$\underline{5.\ \underline{5}}\ \underline{5}\ \underline{5}\ \underline{0\underline{5}}\ \underline{1\ 3}\ |\ \underline{5.\ \underline{3}}\ \underline{1.\ \underline{3}}\ \underline{5.\ \underline{3}}\ \underline{1.\ \underline{3}}\ |\ \underline{5.\ \underline{4}}\ \underline{2}\quad\underline{0\underline{5}\ \underline{7}\ 2}\ |$

$\underline{4.\ \underline{4}}\ \underline{4}\ \underline{4}\ \underline{0\underline{5}\ \underline{7}\ 2}\ |\ \underline{4.\ \underline{4}}\ \underline{4}\ \underline{4}\ \underline{0\underline{5}\ \underline{7}\ 2}\ |\ \underline{4\ 4}\ \underline{5\ 6}\ \underline{6}\ 7\ |\ \underline{1\ 5}\ \dot{1}\ -\ \|$

D.C.

（反复3遍）

（2）动作说明：

第1遍音乐：

1—8小节：右前腿压两个8拍，停住1个8拍，第4个8拍左脚向左转打开。

9—16小节：右旁腿压两个8拍，停住1个8拍，第4个8拍收腿转换左腿。

第2遍音乐：

1—8小节：左前腿压两个8拍，停住1个8拍，第4个8拍右脚向右打开。

9—16小节：左旁腿压两个8拍，停住1个8拍，第4个8拍收腿右伸后腿。

第3遍音乐：

1—8小节：右后腿压两个8拍，停住1个8拍，第4个8拍收腿伸左后腿。

9—16小节：左后腿压两个8拍，停住1个8拍，最后1个8拍收回正步。

2. 蹲组合（2小节准备，双手扶把一位）

（1）音乐：

佚 名 曲

$1=C \quad \frac{4}{4}$

（2）动作说明：

第1遍音乐：

1—2小节：2次一位半蹲。

3—4小节：1次一位全蹲。

5—6小节：2次一位半蹲。

第 7 小节：立半脚尖落一位。

第 8 小节：右脚擦地向旁落二位。

9—10 小节：2 次二位半蹲。

11—12 小节：1 次二位全蹲。

13—14 小节：2 次二位半蹲。

第 15 小节：二位立半脚尖落下。

第 16 小节：右脚推脚背，收前五位。

第 2 遍音乐：

1—2 小节：2 次五位半蹲。

3—4 小节：1 次五位全蹲。

5—6 小节：2 次五位半蹲。

第 7 小节：五位半脚尖落下。

第 8 小节：右脚擦地向旁，向右转体单手扶把落右四位。

9—10 小节：2 次四位半蹲。

11—12 小节：1 次四位全蹲。

13—14 小节：2 次四位半蹲。

第 15 小节：四位立半脚尖落下。

第 16 小节：右脚推脚背，擦地收一位。

3. 一位擦地（2 小节准备，双手扶把）

（1）音乐：

佚 名 曲

$1=\flat B$ $\frac{4}{4}$

（反复4遍）

（2）动作说明：

第 1 遍音乐：

1—2 小节：分解动作向右擦地，收回。

3—4 小节：重复 1—2 小节动作。

5—6小节：左脚做。

7—8小节：重复5—6小节动作。

第2遍音乐：

1—2小节：左脚做分解擦地，收回。

3—8小节：重复1—2小节动作3遍。

第3遍音乐：

1—2小节：右脚向旁擦地，两次压脚跟。

3—4小节：右脚慢收一位。

5—7小节：右脚向旁擦地，2次快速收一位，旁点停住。

第8小节：右脚慢收一位。

第4遍音乐：

1—8小节：左脚重复第3遍8小节动作。

4. 扶把勾绷脚（2小节准备，双手扶把）

（1）音乐：

陈志远《梅花三弄》

$1=A \quad \frac{4}{4}$

第1、3段

第2段

（2）动作说明：

第1段音乐：

1—2小节：右脚旁擦地，勾脚。

3—4小节：绷脚点地，收回一位。

5—8小节：重复1—4小节动作。

第2段音乐：

1—4小节：右脚擦地，勾脚，快点地2次。

5—8小节：3小节慢绷脚点地，1小节快收一位。

第3段音乐：

1—8小节：反面重复第2段8小节动作。

5. 扶把小踢腿（2小节准备，单手扶把五位）

（1）音乐：

1=C 2/4

佚 名 曲

（反复4遍）

（2）动作说明：

准备：右手经二位打开至七位。

第1遍音乐：

1—4小节：右腿前踢2次，点地2次，收前五位。

5—8小节：右腿旁踢2次，点地2次，收后五位。

9—12小节：右腿后踢2次，点地2次，收后五位。

13—16小节：右腿旁踢2次，点地2次，收前五位。

第2遍音乐：

1—4小节：右腿前踢3次，第4次停住，点地收前五位。

5—8小节：右腿旁踢3次，第4次停住，点地收后五位。

9—12小节：右腿后踢3次，第4次停住，点地收后五位。

13—16小节：右腿旁踢3次，第4次停住，点地收前五位。

第3遍音乐：

1—4小节：右腿前踢1次，后踢1次（2小节1次）。

5—8小节：右腿前、后、前各踢1次（1小节1次，停1次）。

9—12小节：右腿后踢1次，前踢1次（2小节1次）。

13—16小节：右腿前、后、后各踢1次（1小节1次，停1次）。

第4遍音乐：

1—16小节：重复第3遍动作。

结束：后腿点地收五位，手由七位收一位。

6. 扶把掖腿（2小节准备，双手扶把一位）

（1）音乐：

1=D 4/4　　　　　　　　　　[捷克]德沃夏克《母亲教我的歌》

（反复3遍）D.C.

（2）动作说明：

准备：右脚向旁擦地。

第1遍音乐：

1—2小节：右脚收回库德皮耶，旁点。

3—8小节：重复3遍。

9—14小节：重复3遍，收后库德皮耶。

15—16小节：右脚擦地收一位，左脚擦地旁点。

第2遍音乐：

1—16小节：左脚重复第1遍1—16小节动作。

第3遍音乐：

1—8小节：右脚做3次前后库德皮耶，点地收一位。

9—16小节：左脚做3次前后库德皮耶，点地收一位。

7. 扶把单腿蹲（2小节准备，双手扶把一位准备）

（1）音乐：

佚 名曲

D.C.
（反复4遍）

（2）动作说明：

准备：右脚向旁擦地。

第1遍音乐：

1—2小节：左脚单腿蹲，做右脚前库德皮耶。

3—4小节：右脚旁点。

5—6小节：重复1—2小节动作。

7—8小节：重复3—4小节动作。

9—10小节：重复1—2小节动作。

11—12小节：重复3—4小节动作。

13—14小节：右脚收一位，立半脚尖。

15—16小节：落半脚尖，左脚擦地旁点。

第2遍音乐：

1—16小节：重复第1遍1—16小节动作，反面做。

第3遍音乐：

1—2小节：右脚收前库德皮耶，主力腿蹲。

3—4小节：右腿打开25度控制。

5—6小节：重复1—2小节动作。

7—8小节：重复3—4小节动作。

9—10小节：重复1—2小节动作。

11—12小节：重复3—4小节动作。

13—14小节：右脚点地。

15—16小节：右脚擦地收一位，左腿擦地向旁。

第4遍音乐：

1—16小节：反面重复第3遍1—16小节动作。

8. 扶把画圈（2小节准备，双手扶把一位准备）

（1）音乐：

1=A 3/4

佚 名 曲

5 3 1 | 4 - 23 | 4 2 7 | 5 3 34 | 5 3 5 |

i - i7 | 7 6. 7 | 5 - 34 | 5 3 1 | 4 - 23 | 4 2 7 |

5 3 34 | 5 i 3 | 5 4 12 | 3 - 2 | 1. 2. 3. 1 - 34 ‖ 4. 1 - - ‖
　　　　　　　　　　　　　　　　　　　　D.C.
　　　　　　　　　　　　　　　　　　（反复4遍）

（2）动作说明：

第1遍音乐：

第1小节：右脚向前擦地。

第2小节：向旁画 $\frac{1}{4}$ 圈。

3—4小节：旁点停顿收一位。

第5小节：向旁擦地。

第6小节：向后画 $\frac{1}{4}$ 圈。

7—8小节：后点停顿收一位。

第9小节：向后擦地。

第10小节：向旁画 $\frac{1}{4}$ 圈。

11—12小节：旁点停顿收一位。

第13小节：向旁擦地。

第14小节：向前画 $\frac{1}{4}$ 圈。

15—16小节：前点停顿收一位。

第2遍音乐：

1—2小节：向前慢擦地。

3—4小节：向旁慢画 $\frac{1}{4}$ 圈。

5—6小节：向后慢画$\frac{1}{4}$圈。

7—8小节：收回一位。

9—16小节：由后向前画$\frac{1}{2}$圈，节奏同上。

第3遍音乐：

1—16小节：重复第1遍音乐动作(反面)，收回一位脚。

第4遍音乐：

1—16小节：重复第2遍音乐动作(反面)，收回一位脚。

9. 扶把控制（2小节准备，左手扶把一位准备）

（1）音乐：

1=F $\frac{4}{4}$

巴西民歌《在路旁》

$$3\ 3\ |\ 6\ 6\ 3\ 1\ 6\ 1\ 4\ 3\ |\ 3\quad 7\ -\quad 3\ 3\ |\ 7\ 7\ {}^\sharp 5\ 3\ 3\ 2\ 1\ 7\ |$$

$$6\ -\ -\ 3\ 3\ |\ 6\ 6\ 7\ 1\ 7\ 6\ 3\ |\ 5\quad 4\ -\ 4\ 4\ |\ 3\quad 7\ {}^\sharp 5\ 3\ 2\ 1\ 7\ |$$

$$6\ -\ -\ 3\ 3\ |\ 6\ 6\ 3\ 1\ 6\ 1\ 4\ 3\ |\ 3\quad 7\ -\quad 3\ 3\ |\ 7\ 7\ {}^\sharp 5\ 3\ 3\ 2\ 1\ 7\ |$$

$$6\ -\ -\ 3\ 3\ |\ 6\ 6\ 7\ 1\ 7\ 6\ 3\ |\ 5\quad 4\ -\ 4\ 4\ |\ 3\quad 7\ {}^\sharp 5\ 3\ 2\ 1\ 7\ |\ 6\ -\ -\ \|$$

D.C.

（反复3遍）

（2）动作说明：

准备：右手到二位后打开至七位。

第1遍音乐：

1—4小节：做右腿帕塞，右手经一位到二位。

5—6小节：做右腿前伸控制，右手到三位。

7—8小节：做右腿前点收回，右手打开至七位后收一位。

9—12小节：做右腿帕塞，右手经一位到二位。

13—14小节：右腿旁伸控制，右手到七位。

15—16小节：右腿旁点，收回，右手保持七位后收一位。

第2遍音乐：

1—4小节：做右脚帕塞，右手经一位到二位。

5—6小节：做右腿帕塞，右手到三位。

7—8小节：右腿后点收回，右手打开至七位后收一位。

9—12小节：做右腿帕塞，右手经一位到二位。

13—14小节：做右腿旁伸控制，右手打开七位。

15—16小节：做右腿旁点收回，右手保持七位后收一位。

第3遍音乐：

1—2小节：做右腿帕塞，右手到二位。

3—4小节：做右腿前阿达鸠，右手到三位。

5—6小节：做右腿向前伸直，手不变。

7—8小节：右腿前点收回，右手打开到七位后收一位。

9—10小节：做右腿帕塞，右手到二位。

11—12小节：做右腿后阿蒂迪德，右手到三位。

13—14小节：右腿向后伸直，主力腿下蹲，右手落二位后做向前阿拉贝斯克。

15—16小节：右腿后点，经擦地向前做阿蒂迪德，主力腿下蹲，右腿经一位向右上方伸出，身体后仰，眼睛看右手。

结束：主力腿站直，右腿前点地，身体立直手到七位，右腿向旁画圈，右手伸展收一位，右腿同时收一位，半蹲立直。

10. 中间擦地组合（2小节准备，面向1点，一位手一位脚）

（1）音乐：

1=A 4/4

佚 名 曲

(反复4遍)

（2）动作说明：

准备：双手经二位，打开至七位。

第1遍音乐：

1—4小节：右脚向旁擦地4次。

5—6小节：右脚旁擦地移中心。

7—8小节：向右移中心站直，左脚收一位（手七位）。

9—16小节：反面重复1—8小节动作，右脚收前三位。

第2遍音乐：

1—4小节：左脚三位擦地前收，交替做4次。

5—6小节：立半脚尖，落三位（立半脚尖时手到三位，落七位）。

7—8小节：右脚擦地收后三位。

9—12小节：左脚擦地收后三位，交替做4次。

13—14小节：立半脚尖，落三位。

15—16小节：右擦地收前五位，转向8点方向（手回一位）。

第3遍音乐：

1—4小节：右脚向前擦地4次，双手经二位至左前六位。

5—6小节：向前四位蹲移中心，手回七位。

7—8小节：五位蹲后腿收五位，手回一位。

9—16小节：左脚向后，重复以上1—8小节动作。

第4遍音乐：

1—4小节：右脚向旁擦地，交替收前后五位，手到五位（右上左下）。

5—8小节：右脚向旁擦地移中心蹲，左脚收前五位（手七位回一位）。

9—16小节：反面重复1—8小节动作。

11. 中间蹲组合（两小节准备，一位手一位脚面向1点）

（1）音乐：

佚　名　曲

1=C 6/8

（2）动作说明：

准备：双手经二位打开至七位。

第1遍音乐：

1—4小节：2次一位半蹲，双手经一位、二位至七位。

5—6小节：1次一位全蹲，双手经二位至三位停住。

7—8小节：起身右脚擦地落二位，双手打开至七位。

9—12小节：2次二位半蹲，双手经二位至七位。

13—14小节：1次立半脚尖，双手经三位停住。

15—16小节：向左移中心，右脚擦地收前五位，手打开至七位，身体转向8点。

第2遍音乐：

1—4小节：2次五位半蹲，手位同上。

5—6小节：1次五位全蹲，左手至五位手。

7—8小节：起身手打开至七位，右脚前擦地落四位。

9—12小节：2次四位半蹲，手位同上。

13—14小节：1次四位立半脚尖，双手经二位至左前六位。

15—16小节：落脚跟向后移中心，右手打开至七位，收手收脚回右五位。

12. 中间地面画圈（2小节准备，小七位面向1点准备）

（1）音乐：

1=C 3/4

佚 名 曲

D.C.
（反复4遍）

（2）动作说明：

准备：2小节不动，2小节向前，3拍舞步走2次，上步手打开七位，收手收脚回一位。

第1遍音乐：

1—2小节：1小节右腿由前画圈向旁，1小节回一位。

3—4小节：1小节右腿由旁画圈向后，1小节回一位。

5—6小节：1小节右腿由后画圈向旁，1小节回一位。

7—8 小节：1 小节右腿由旁画圈向前，1 小节回一位。

9—12 小节：半蹲（手二位），右脚前伸昂·德奥后（手七位）收一位（手一位）。

13—16 小节：重复 9—12 小节动作（右腿后伸昂·德当到前）。

第 2 遍音乐：

1—8 小节：直腿画圈，左腿分解做，节奏同第 1 遍（先做昂·德当，后做昂·德奥）。

9—16 小节：半蹲画圈，节奏手位同第 1 遍，身体转向 2 点，收左前五位。

第 3 遍音乐：

1—4 小节：半蹲左腿前伸（手二位），左腿画圈后点（手左六位）。

5—8 小节：收后腿立半脚尖，（手左五位）眼睛看 1 点，左转身面向 8 点，左手打开至七位后收一位，落脚呈右五位。

9—16 小节：反面重复以上 8 小节动作，结束收一位面向 1 点（手收一位）。

第 4 遍音乐：

1—4 小节：半蹲右脚后伸（手右六位）右转身（手七位）收手收脚回一位。

5—8 小节：重复 1—4 小节动作，转身面向 5 点，手位同上。

9—12 小节：重复 1—4 小节动作，转身面向 7 点，手位同上。

13—16 小节：重复 1—4 小节动作，转身面向 1 点，手位同上，收手收脚回一位。

13. 芭蕾手位（2 小节准备，一位手一位脚）

（1）音乐：

（2）动作说明：

第 1 遍：

1—4 小节：双手由一位经二位停在三位（眼睛看左手）。

5—8 小节：左手落下至四位，打开停在五位（眼睛看左手）。

9—12小节：双手由左五位经上弧线到右五位，原路线返回左五位。

13—16小节：左手经一位到二位，右手直接落二位后，打开成右五位。

左手打开七位后，双手还原一位（眼睛看左手）。

第2遍：

1—16小节：重复以上动作，方向相反（眼睛看右手），右脚擦地向旁，收右五位脚，面向8点，手收一位。

第3遍：

1—2小节：双手由一位至二位。

3—4小节：左手在前，六位。

5—6小节：左手在前，四位（眼看右侧）。

7—8小节：右手落下，双手二位。

9—10小节：右手在前，六位。

11—12小节：右手在前，四位（眼看右侧）。

13—14小节：抬右手三位，立半脚尖（眼看8点）。

15—16小节：自转1周面向2点，收左五位脚，双手收一位。

第4遍：

1—16小节：重复第3遍动作，方向相反（眼看左侧）。

结束：左脚向2点，上步移中心，双手从三位落下至小七位处，眼睛看1点，身体后靠。

14. 中间舞姿控制（4小节准备，面向8点右五位）

（1）音乐：

（2）动作说明：

准备：五位半蹲，双手小七位打开后收一位；右脚旁擦地，双手经二位打开至七位停住。

第 1 遍音乐：

1—2 小节：做丰迪前点，小七位手，眼看右边。

3—4 小节：做丰迪前点，小七位手，眼看左边。

5—6 小节：做右腿帕塞，手到二位。

7—8 小节：前伸阿蒂迪德，手打开至右五位停住。

9—10 小节：保持不动。

11—12 小节：前腿伸直点地，左手落下成右六位手。

13—14：向前移中心，做左手阿拉贝斯克。

15—16 小节：后腿擦地收五位，左手打开七位。

第 2 遍音乐：

1—16 小节：重复以上动作向后做。

第 3 遍音乐：

1—2 小节：做丰迪旁点，左五位手。

3—4 小节：做丰迪前点，右小六位手。

5—6 小节：向 8 点走两次三拍舞步，双手体侧随动。

7—8 小节：向 8 点双立半脚尖后落下，双手经三位打开至七位。

9—10 小节：做右腿帕塞，后点地，主力腿半蹲，做右手阿拉贝斯克。

11—12 小节：后点地，主力腿半蹲，做右手阿拉贝斯克。

13—14 小节：向右移中心转身面向 2 点方向，做左手阿拉贝斯克。

15—16 小节：左手向旁拉开，后腿画圈到旁。

15. 一位小跳（2 小节准备，一位手一位脚）

（1）音乐：

$1=C$ $\frac{4}{4}$

佚 名 曲

（2）动作说明：

准备：手经二位打开至七位。

第1遍音乐：

1—2小节：4拍1次小跳，2遍。

3—4小节：2拍跳2拍停，2遍。

5—8小节：重复以上4小节动作。

第2遍音乐：

1—2小节：3拍跳1拍停，2遍。

3—4小节：4拍连跳，4拍停，1遍。

5—8小节：重复以上4小节动作（手收一位）。

16. 五位小跳（2小节准备，一位手一位脚）

（1）音乐：

吕 远《泉水叮咚响》

$1=C$ $\frac{2}{4}$

（2）动作说明：

准备：右五位脚，手经二位打开至七位。

1—2小节：右五位小跳两次，换左五位小跳1次，停1拍。

3—8小节：重复以上2小节动作3遍。

9—10小节：右左换脚五位小跳3次1停。

11—16小节：重复以上2小节动作3遍（手收一位）。

17. 芭蕾中跳组合（4小节准备，一位手一位脚）

（1）音乐：

1=C 3/8 　　　　　　　　　　　　　　　　　　　　　　　佚 名 曲

0 34 | 5 3 | i 7i | 2.6 6 | 6 2i | 7.6 5 | 7 2 4 | 3 3 |

3 34 | 5 3 | 1. 4 43 | 2.6 6 | 6 2i | 7.6 5 | 5 2 3 | 1. ‖

（2）动作说明：

准备：双手经二位打开至七位。

1—4 小节：4 次一位中跳，1 小节 1 次。

5—8 小节：2 次一、二位变化跳，节奏同上。

9—16 小节：第 2 组做，动作同上。

第三章　中国民族民间舞蹈

第一节　藏族民间舞

一、舞蹈风格和动作特点

藏族是一个能歌善舞的民族,主要生活在我国的西藏自治区和青海、甘肃、云南等地区,在这片辽阔的大地上,藏族人民拥有着丰富悠久的历史文化,并且也创造了丰富的民间歌舞艺术。勤劳朴实的藏族人民能歌善舞,歌舞已成为他们生活中不可或缺的一部分,并在历史的发展进程中不断被丰富完善从而流传至今,在我国文化艺术宝库中绽放光彩。

藏族民间舞蹈中,舞与歌的联系十分密切,多是歌中有舞,舞中有歌,歌舞一体。藏语中"鲁""谐"均为歌的意思。"鲁"是指静态的歌,就是只歌不舞的山歌、牧歌;"谐"是动态的歌,载歌载舞,歌舞不分。

流传于雅鲁藏布江流域的主要舞蹈形式有"堆谐""朗玛谐""果谐"等;流传在金沙江流域广大地区的主要舞蹈形式有"锅庄"和"弦子"。

藏族民间舞蹈分为两种:自娱性、表演性。广场自娱性的歌舞有"谐""果谐""卓"等。"堆谐""热巴"等歌舞则为表演性歌舞。

本教材主要介绍堆谐(踢踏舞)和谐(弦子)。

1. 堆谐

堆谐,汉语称"踢踏",是藏族丰富多彩的歌舞形式之一,节奏鲜明,情绪欢快,动作热情、奔放,脚下灵活,以踢、踏、悠、跳等动作踏出有规律、有变化的各种节奏来表达感情。

2. 谐

谐,汉语称"弦子",是历史悠久的藏族歌舞形式。舞时人们围成圆圈,男领舞者拉着弦子,其他人甩动长袖,随着弦子的曲调边歌边舞。其曲调悠扬,动作柔美,长袖轻拂,舞姿舒展。

藏族民间舞蹈的风格特点是纯朴、健壮、粗犷、豪放,藏族民间音乐具有活泼、热烈、朴实或优美抒情的特点,其中"堆谐"的舞蹈动作简单灵活、气氛热烈,音乐节奏鲜明,开朗活泼。"谐"的舞姿婀娜,动作舒展优美,音乐速度较慢,旋律优美抒情,绵延连贯,婉转而深情,极富歌唱性。

藏族民间舞种类繁多,各类歌舞在漫长的文化历史发展中,因地区不同而风格各异,但作为一个民族的舞蹈艺术整体来看,它有着统一的整体风格和动作特点,如舞蹈时上身有微向前倾的体态,动力腿多为自然勾脚,此外,多姿多彩的"舞袖"也是藏族舞蹈中必不可少的元素。

"踢踏"的动律特点是膝部松弛而富有弹性的颤动,膝、踝关节灵活敏捷,上身动作较少,舞蹈时上身松弛协调。"弦子"的动律特点是膝部既柔软又富有弹性地屈伸,并随重心的移动去带动上身的晃动,手臂随之而动,形成各种动作和造型。

二、基本动作

1. 脚型(自然勾脚)

2. 手型(五指自然并拢)

3. 脚位(小八字位、丁字位)

4. 手位

(1)扶胯:单手或双手扶胯部。(图3-1)

(2)单臂袖:一手扶髋,另一手屈肘于肩旁。(图3-2)

图3-1 扶胯

图3-2 单臂袖

（3）单撩袖：一手侧平举，另一手经体前向上撩起。（图 3-3）

（4）单背袖：单臂撩袖屈肘于头侧，手心向外。（图 3-4）

图 3-3 单撩袖

图 3-4 单背袖

（5）胯前画手：双手于胯前左右画手。（图 3-5）

5. 基本步伐

（1）踢踏步伐。

① 第一基本步（2 拍完成）。

准备：身向 1 点，小八字位。

Da：双膝微屈，膝部直起的同时微吸左腿，同时右脚掌抬起。

第 1 拍：右膝下沉，脚掌打地（"冈达"①）。

第 2 拍：保持颤膝，原地左、右、左踏步。

② 第二基本步（4 拍完成）。

准备：身向 1 点，小八字位。

1—2 拍：同第一基本步。

图 3-5 胯前划手

3—4 拍：保持颤膝，原地左、右、左、右踏步，踏的同时稍向右旁移动。

③ 退踏步（2 拍完成）。

---

① 脚掌抬起后打地称"冈达"。

准备:身向1点,小八字位。

第1拍:右脚后撤半步,脚掌着地,身体与左脚保持垂直。

Da:左脚原位踏落。

第2拍:右脚踏落前,全脚着地。

④抬踏步(2拍完成)。

准备:身向1点,左丁字位。

Da:抬右脚掌,左腿向8点抬25度。

第1拍:左腿吸回,右脚"冈达"。

Da:左脚踏落,小八字位。

第2拍:右脚踏落,前丁字位。

⑤滴答步(1拍完成)。

准备:身向二点,左丁字位。

Da:重心在左腿,脚掌抬起。

1拍:右腿屈膝同时"冈达",左腿原位提起。

Da:左脚踏落地,双膝伸直。

⑥二三步(4拍完成)。

准备:身向1点,小八字位。

1—2拍:右、左脚交替跺步,同时身体转向8点。

3—4拍:右、左、右脚交替跺步,同时身体转向2点。

⑦连三步(2拍完成)。

准备:身向1点,小八字位。

1—2拍:略向8点移动,踏右、左、右脚,左腿向8点踢出45度,双膝稍屈。

(2)弦子步伐。

①平步(1拍完成)。

准备:身向1点,小八字位。

Da:右腿屈膝,身体重心下移,同时左腿屈膝,脚离地。

1拍:左脚落地,双腿关节慢慢伸直,身体重心上升。连续动作时,左右脚交替进行。

②拖步(1拍完成)。

准备:身向1点,小八字位。

Da:重心在左腿,略屈膝。

1拍:右腿向前迈步,落地渐屈膝,左脚掌内侧拖地跟上。

③三步一撩(2拍完成)。

准备:身向1点,小八字位。

Da:重心在左腿。

1—2拍:右脚起向1点走平步3次。

Da:左腿向1点45度撩起,连续动作时左右脚交替进行。

④二步踏撩(2拍完成)。

第1拍:右脚起平步2次。

第2拍:右脚踏落。

⑤单靠步(2拍完成)。

准备:身向1点,右丁字位。

Da:左腿屈膝,右腿提起。

第1拍:右腿向旁迈步成直腿支撑。

Da:右腿屈膝,同时左腿原位吸起。

第2拍:左脚勾蹬于右脚前,丁字位,双膝同时伸直。

⑥连靠步(1拍完成)。

准备:身向1点,右丁字位。

1拍:右腿勾脚原位蹬。

⑦三步一靠(4拍完成)。

准备:身向8点,小八字位。

1—3拍:左脚起向7点走平步3次。

第4拍:身向2点,右脚靠步1次。

6. 上肢动作

(1)抛袖:手臂从胸前用力向上,形成大的弧线状向外抛袖。

(2)前后摆手:双手垂于体侧,手腕主动向前后45度摆动。

(3)横向摆手:双臂分别屈肘于身体前,然后向体侧横向摆动,手腕主动带动小臂,自然伸直于体侧45度。

(4)齐眉晃手:屈肘,以腕带动双手于胸前,交替晃手画圆。

（5）平面摆手：双手起至侧平，然后曲臂于身体前后。

三、舞蹈组合

学习藏族民间舞时要注意保持上身稍前倾的体态，要注意区别"踢踏"与"弦子"之间的风格：做"踢踏"时注意膝部松弛，动律要小而快、有节奏、有弹性地连续颤动，脚下要灵活，节奏要准确；做"弦子"时注意动作松弛、柔美，膝部有规律地屈伸，舞步的靠、撩、踏与手臂的提、撩、抛袖等动作配合要协调一致。

1. 藏族弦子组合

（1）音乐：

阎飞《翻身农奴把歌唱》

（2）动作说明：①

准备拍：（3—8拍）行双手礼，双手慢慢抬起，至斜上。

① 1—4拍：经屈膝上步走平步，先左后右，做4次。

　5—6拍：撩袖，先左后右，脚下先向左上步再向右。

　7—8拍：经屈膝从左向右转，面向正后5点方向，右手平举左手在胸前，行单手礼。

② 第1拍：左手撩袖，左腿向旁迈步。

　第2拍：右脚单靠，右手撩袖。

　3—4拍：从左转向1点，做反面左脚单靠，左手撩袖。

　5—6拍：左脚落地右脚单靠，同时左手打开，右手撩袖。

　7—8拍：同②5—6拍动作，做反面。

③ 1—2拍：从左转向5点，先上左脚再转身，上右脚，同时双手打开。

　第3拍：右手撩袖，同时左脚点地。

　第4拍：左脚点转从右转回1点，双手不变。

　5—6拍：向2点走两步，先左后右。

　第7拍：双手回到体前，左脚回正。

　第8拍：左手撩袖同时左脚单靠。

④ 1—2拍：往后退两步先左后右，双手上举至斜上，行双手礼。

　第3拍：左手撩袖，左点地。

　第4拍：右脚单靠，右手撩袖。

　5—6拍：向2点方向走3步，右左右，双手从左经过上方盖到右边。

　7—8拍：同④3—4拍动作。

⑤ 1—2拍：动作单靠同④7—8拍动作，做反面。

　3—4拍：动作同④7—8拍。

　5—7拍：向后退3步，右左右，双手抬至斜上行双手礼。

　第8拍：左脚单靠，左手回胸前，右手打开。

⑥ 1—2拍：从左转1圈，脚下走3步，左右左，往左甩袖，右腿踏步后撤。

　3—4拍：动作同⑥1—2拍，做反面。

　5—6拍：动作同⑥1—2拍。

　第7拍：右脚点地1次。

---

① 本教材用○中加数字的格式表示1个拍子的组合，基本表示一个8拍，也有表示一个4拍或一个6拍，等等。

第 8 拍：并右脚，双手盖手向前提。

⑦ 1—4 拍：向 8 点方向走 4 步，做三步一靠，左右左右，右脚靠步，双手画立圆。

第 5 拍：右脚向右走 1 步，右手撩袖。

第 6 拍：左脚勾脚前点地，双手平举。

第 7 拍：左脚后点地，亮背。

第 8 拍：左脚连靠。

⑧ 1—4 拍：向左做三步一靠。

5—8 拍：向右做三步一靠。

⑨ 1—8 拍：动作同⑧ 1—8 拍。

⑩ 1—4 拍：向左做单靠，再做一次反面。

5—6 拍：从左转一圈，动作同⑥ 1—2 拍。

7—8 拍：右脚点地两次。

⑪ 1—4 拍：向 8 点上左脚做三步一靠，双手画立圆。

5—8 拍：向 4 点退后做反面的三步一靠。

⑫ 1—6 拍：动作同⑩ 1—6 拍。

7—8 拍：慢慢直起身。

⑬ 1—4 拍：动作同⑦ 5—8 拍，做反面。

5—8 拍：动作同⑦ 5—8 拍。

⑭ 1—8 拍：动作同 ⑬ 1—8 拍。

⑮ 第 1 拍：身体从左向后转，右脚后点，双手在身体下方交叉。

第 2 拍：右脚向旁上 1 步。

第 3 拍：左脚向旁上 1 步，双手从下打开。

第 4 拍：右脚点地 1 次靠步，双手上推至头顶上方。

5—8 拍：同 ⑮1—4 拍动作，做反面。

⑯ 1—2 拍：左脚向前上 1 步，右脚跟上，双手从两边上举至斜上方。

3—4 拍：从左转 1 圈。

5—6 拍：同 ⑯1—2 拍动作。

7—8 拍：左脚抬起，勾脚落地，双手献哈达，结束。

2. 藏族卓玛组合

（1）音乐：

1=F 2/4　　　　　　　　　　　　　　　　　　　秋辊措《卓玛》

（乐谱略）

（2）动作说明：

准备拍：（3—8拍）身体面向7点方向，舞台右后方准备，双手垂在体旁。

① 1—8拍：体态摆好，不动。

② 1—6拍：身体不动，双手慢慢经体前体后抬起至平举，右前左后。

③ 1—6拍：左脚先向后做平步，往3点方向走，走6步，上身随着步伐的动律而左右晃动，松腰坐胯。

第7拍：向左转圈面向2点方向，左脚在前，右后踏步。

第8拍：右手空心拳放至下巴下，左手背后，踏步蹲。

9—10拍：保持舞姿，膝盖屈伸慢慢站直。

11—12拍：再慢慢蹲下，注意配合呼吸。

④ 1—2拍：左脚上步与右脚并拢，右手伸直盖下，同时左手抬起盖下，双手叠起，上身含下。

第3拍：上身起来挺直。

第4拍：向左转身7点上左脚。

5—8拍：体态保持住，不动。

⑤ 1—8拍：向7点走平步8步，先走右脚，上身松腰坐胯，双手叠起。

⑥ 1—4拍：面向1点，左手平举，右手撩起至头顶上方，手心向下，脚下走八步，右脚先走，绕一个半圆回到舞台正中间，步伐要快。

5—6拍：脚下右脚平步，再接左脚，走4步，右左右左，双手胯前画手。

7—8拍：动作同⑥5—6拍，脚下平步后退4步。

⑦ 第1拍：右脚向旁上步，双手向正上方甩袖。

第2拍：左脚向右脚后撤成左踏步，同时右手打开到平举，左手单背袖。

3—4拍：左脚点地2次加屈伸。

5—6拍：右手撩袖向旁打开，左手向右画立圆到左旁，同时右脚向旁上步，左脚跟过来，中心移至左脚半蹲，上身后背往下趴。

7—8拍：动作同⑦5—6拍，做反面。

⑧ 第1拍：脚下右脚平步后退1步，双手胯前画手。

2—4拍：左脚平步向前走3步，左右左，双手胯前画手。

5—8拍：右脚平步后退走4步，右左右左，双手胯前画手。

⑨ 第1拍：左脚上步，双手往两旁甩袖。

第2拍：右脚靠步，双手向正上方甩袖。

第3拍：右脚后撤1步，双手两旁甩袖。

第4拍:左脚靠步,双手向正上方甩袖。

5—8拍:同⑨1—4拍动作。

⑩ 1—4拍:右脚向3点上步做三步一靠。

5—8拍:同⑩1—4拍动作,做反面。

9—10拍:右脚走平步,再接左脚,后退4步,右左右左,双手胯前画手。

⑪ 1—2拍:右脚向8点上步,接右左右做三步一撩,同时左手抬到体前,右手经体前抬起到斜上。

3—4拍:同⑪1—2拍动作,继续做反面。

5—6拍:右脚向后4点方向走,接右左右做三步一撩,同时双手慢慢回到扶胯位。

7—8拍:动作同⑪5—6拍,继续做反面动作。

⑫ 1—2拍:向1点做三步一撩,双手慢慢抬至斜上。

3—4拍:转身向5点做反面三步一撩,双手不动。

5—6拍:再转身向7点做三步一撩,双手慢慢下来到扶胯位。

7—8拍:向1点做反面三步一撩,双手扶胯。

⑬ 1—2拍:向右转1圈,脚下走右左右三步一撩,同时双手走三步时慢慢打开,撩腿时两手左手体前右手体后。

3—4拍:同⑬1—2拍动作,做反面。

5—6拍:向右转身面向正1点做右左右三步一撩,手上动作重复。

7—8拍:向正1点做反面三步一撩,手上动作不变。

⑭ 1—2拍:右脚向3点上步,做三步一撩,同时右手撩袖,撩腿时左手撩袖。

3—4拍:动作同⑭1—2拍,做反面。

5—8拍:动作同⑦5—8拍。

9—10拍:双手向上甩袖,右脚向旁上步,再接左脚后撤踏步蹲,双手成单背袖。

⑮ 1—8拍:体态舞姿保持住,左脚点地右脚转,点8次,转1圈,回到正1点。

⑯ 1—8拍:同④1—8拍动作。

⑰ 1—8拍:同⑤1—8拍动作,慢慢下场,结束。

3. 藏族踢踏舞组合

(1) 音乐：

藏族民间音乐《库马拉》

1=♭A 2/4

(乐谱略)

(2) 动作说明：

准备拍：(1—2拍) 身体面对1点，脚下小八字位，双手下垂，原地右脚全脚重踏地2次。

  3—4拍：做退踏步，两臂交替前后摆袖。

  5—6拍：再做1次退踏步，两臂交替前后摆袖。

① 1—4拍：做1次七下退踏步，双手放松配合。

  5—8拍：再做1次七下退踏步。

② 1—2拍：右脚起步第一基本步，双臂随舞步于体侧交替由前向外画弧线摆袖。

3—8拍:再做3次第一基本步,2拍1次。

③ 1—4拍:做七下退踏步。

5—8拍:做退踏步2次。

9—10拍:退踏步1次。

④ 1—4拍:二三步1次,双臂体旁里外摆袖。

5—8拍:再做1次二三步。

⑤ 1—7拍:面向2点做嘀嗒步7次,同时双臂每两拍由外向里,双摆袖1次。

第8拍:右脚原地重踏1步,后半拍右腿提膝跳起带动身体离地同时,左脚离地。

⑥ 1—8拍:再重复1遍嘀嗒步。

⑦ 1—4拍:左脚起步做第二基本步。

5—8拍:再做1次第二基本步。

⑧ 1—4拍:做七下退踏步。

5—10拍:退踏步3次。

⑨ 1—8拍:二三步2次。

⑩ 1—8拍:嘀嗒步7次,第8次右脚原地重踏1步。

⑪ 1—8拍:再重复1遍嘀嗒步。

⑫ 1—2拍:左脚起步做第一基本步。

3—8拍:再做3次第一基本步。

⑬ 1—4拍:做七下退踏步。

5—10拍:退踏步3次。

⑭ 1—2拍:左脚起抬踏步,同时双臂做左右晃袖。

3—8拍:再做抬踏步3次。

⑮ 1—8拍:嘀嗒步7次,第8次右脚原地重踏1步。

⑯ 1—8拍:再重复1遍嘀嗒步。

结束:1—2拍:右脚起双脚交替向1点半拍1步跺跑,共4步,同时双臂体旁自然打开,身体略前倾。

第3拍:右脚原地全脚重踏地1次,双臂提前交叉。

第4拍:双臂打开于体两侧,右脚抬起,勾脚落地,双手献哈达,结束。

第二节 东北秧歌

一、基本简介

东北秧歌是东北三省人民喜闻乐见的民间舞蹈艺术形式。它热烈、火爆、逗趣、诙谐,有着一整套完整的表演形式,蕴含着当地人民的审美心态和艺术情趣。每年农历正月十五前后是东北秧歌大显身手之时,各路秧歌队走乡串户,拜年贺喜。秧歌队伍相逢时,鼓乐齐鸣,以礼相拜,接着就是各显身手的竞技性表演。观者为之叫好,表演者自娱其中,忘我投入,情趣万千。秧歌是明清时期由关内传到关外的一种民间形式,经长时间演变形成自己的独特风格。如今它已是汉族民间舞蹈的代表形式之一,受到国内外人民的喜爱。

东北地区有三种类型的歌舞形式:高跷秧歌、二人转和地秧歌。高跷秧歌和二人转比较接近。高跷秧歌多在广场演出,二人转适宜在屋子里或舞台上演出。二人转说唱成分比高跷秧歌多,它更接近戏曲,是一种用歌舞演故事的表演艺术形式。东北秧歌既有广场舞自娱性的特点,又有舞蹈表演的特点。它的基本风格是艮、俏、优、美、稳,其中出脚快,落脚稳,膝步短促、富有弹性等是东北秧歌的动律及动作特点。其风格特点概括为:"稳中浪""浪中俏""俏中艮"。腰部扭动,肩部画圆则是上身的主要动律。

东北秧歌中的"手巾花"和"鼓"的动作颇为丰富,地方色彩别具一格,是宣泄情绪、表达人物思想感情的重要手段。同时,花样繁多的"手巾花"与舞姿动作结合,细致地刻画出女性泼辣火热、质朴浓烈的情感特征。

东北秧歌的音乐不仅热烈、节奏明快,而且俏皮、风趣和优美抒情。伴奏乐器有唢呐、小钹、大鼓、大钹等,其演奏很有特点。

二、基本动作

1. 体态

东北秧歌基本体态大多是保持上身略前倾,膝部稍屈。做动作时要求脚型略勾,脚腕有控制力,膝部艮住劲儿。

2. 动律

(1)双压脚跟:有不同脚位、不同节奏的提压脚跟。如正步、大八字步、小八字步、小踏步、弓箭步等。做动作时双膝关节要艮住劲儿,提要快,落要慢而稳。

（2）上下动律:以腰部为轴,左右旁腰带动两肋做下弧线运动,重拍在下。

（3）前后动律:以腰部为轴,左、右横摆身。身体左右两侧胸腰交替提压,形成上半身的左右摆动,重拍在下。

（4）画圆动律:以腰部为轴,左、右两侧围绕腰部前、后、上、下交替画立圆,重拍在下。

3. 常用脚位

东北秧歌的基本脚位有正步、大八字步、小八字步、八字步、踏步、大踏步、弓箭步。脚位做法同古典舞的脚位。

4. 常用手位

（1）自然位:双臂自然垂于身体两侧。（图3-6）

（2）双叉腰位:双手手背分别叉于腰间,双肋略向前,指尖对斜下方。（图3-7）

图3-6 自然位

图3-7 双叉腰位

（3）双推山位:双手于胸前压腕立掌,右手高,左手低,双肘下压。（图3-8）

（4）双护头位:双手手心向上分别于头斜上方的两侧,压腕,双肋略向前。（图3-9）

图 3-8 双推山位　　　　　　　　　　图 3-9 双护头位

（5）双扣手位：腹前曲臂呈椭圆形，右手手心向上，左手手心向下，中指相对虚点。（图 3-10）

（6）双抚胸位：双手小臂折回，与肩平齐，手腕上提，指尖轻点心窝。（图 3-11）

图 3-10 双扣手位　　　　　　　　　　图 3-11 双抚胸位

（7）扶鬓位：右手斜上，左手胸前曲臂立掌，手掌前推。（图 3-12）

（8）小燕展翅位：双臂体侧下斜 45 度，直臂，压腕翘指。（图 3-13）

图 3-12 扶鬓位　　　　　　　　图 3-13 小燕展翅位

5. 基本步伐

（1）前踢步：（2 拍完成）

准备：身向 1 点，双手叉腰，正步位。

Da：右脚蹭地踢出 15 度，脚略勾（保持蹭地状）。

第 1 拍：收回右脚，双膝微屈，重心移至右脚。

第 2 拍：相反方向 1 次。踢步要快踢快回，慢移重心。

（2）后踢步：（2 拍完成）

准备：身向 1 点，正步，双垂手。

第 1 拍：右膝微屈，左脚掌用力向后屈腿踢出（踢时离地即可）。重心在右腿，然后收回原位，落地成双腿正步直立，重心移至左腿。

第 2 拍：动作相同，方向相反。

（3）跳踢步：（2 拍完成）

准备：身向 1 点，正步，双垂手。

第 1 拍：左腿向后抬起落地膝部微屈的同时，右腿做后踢步，上身前倾，小腿向上踢。

第 2 拍：动作相同，方向相反。

（4）走场步：（2 拍完成）

准备：身向 1 点，正步，双垂手。

两腿交替向前或后走动,一拍一步,小腿松弛似一般走路,膝部微屈。

(5)跑场步:(2拍完成)

准备:同走场步。

动作与走场步基本相同,行进时一脚脚掌蹬地,落地时沉而有力,向前探出,另一脚稍后踢。

6. 手绢花动作

(1)手绢的拿法:

① 全把握手绢:用拇指和其余四指握住手绢的任何一边,似握拳状。(图3-14)

② 单把贴手绢:拿法同上,但食指伸直贴于手绢边或伸向中心处用于片花、挽花和扔手绢等舞蹈动作。(图3-15)

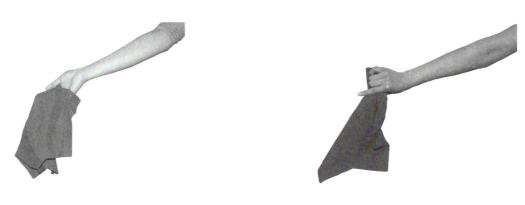

图3-14 全把握手绢　　　　　　图3-15 单把贴手绢

③ 握手绢角:用手握住手绢角或中心处,多用于碎绕花。(图3-16)

图3-16 握手绢角

(2)手绢花动作:

① 里挽花：单指贴手绢于胸前，手心向上，指尖向前。手指带动手腕，由外向里转腕一圈，呈手心向下，提腕，然后向下压。

② 外挽花：单指贴手绢于胸前，掌心由上向下，指尖向前，然后食指带动掌心由外向里，再向上、前甩出，呈掌心向上。挽花时，手的动作要画圆圈，甩出时要有力。

③ 里片花：握手绢于胸前，掌心向上，以腕为轴，手掌相离平移，同时小臂稍抬起，然后从小臂下掏出，指尖向旁，接着继续向上转腕一圈呈手心向上，要求动作连贯，形成8字形，手绢甩平，两肘随之上下起伏，但不能端肩，双肩放松。

④ 外片花：单指贴手绢，动作同里片花，方向相反。

⑤ 碎绕花：握手绢角于胸前，手腕由外向里转动，连续绕手绢称里碎绕花。反方向转动称外碎绕花，可在上、下不同位置做。

7. 手臂基本动作

（1）单臂花：（4拍完成）

准备：单指贴手绢。动作时一手叉腰，另一手经下弧线至胸前做里挽花，再经下弧线至体侧做里挽花。两拍体侧挽花。

（2）双臂花：（4拍完成）

准备：单指贴手绢。动作时两臂左、右轮流在山膀按掌位做里挽花，动作时双手同时挽花，2拍一次。

（3）交替花：（2拍完成）

准备：单指贴手绢。动作时左、右手交替在胸前做里挽花，1拍1次，左右臂在体前画圆圈，形成8字形。

（4）十字花：（4拍完成）

准备：身向1点，正步。单指贴手绢。

1—2拍：身体左拧向8点，同时双手经下弧线至胸前交叉做里挽花。

3—4拍：双手经下弧线至身体两侧45度做里挽花，身体右拧向2点。

（5）盖分花：（4拍完成）

准备：同十字花。

1—2拍：双手同时由旁撩起至扬掌位做里挽花，接着盖至胸前。

3—4拍：双手同时做外挽花，边挽花边边向上扬掌至扬掌位。

（6）双花：在双臂花位置上，一拍做2次里挽花，强调第2次里挽花的压腕。

8. 鼓点节奏

鼓点一： 2/4 X 0 X X | X X X ‖
              咚   古儿 龙咚仓

鼓点二： 2/4 X 0 X X | X X X | X. X X | X 0 ‖
              咚   古儿 龙咚仓 咚不咚 仓

鼓点三： 2/4 X 0 X X | X X X | 0 X X X X | X X. X | X X ‖
              咚   古儿 龙咚仓 古儿龙咚仓 咚不咚 仓

鼓点四： 2/4 X 0 X X | X X X | 0 X X X X | X 0 X X | X X X | X X. X | X X ‖
              咚   古儿 龙咚仓 古儿龙咚仓 咚 古儿 龙咚仓 仓咚不咚 仓

鼓点五： 2/4 X   X | 0 X X X X | X   X | 0 X X X X | X X X X |
              咚 咚   古儿龙咚仓   咚   古儿龙咚仓 古儿龙咚

              X X X X X | X X | 0 X X X X | X. X X | X   X ‖
              仓古儿龙咚仓 咚   古儿龙咚仓 咚不咚 仓

三、舞蹈组合

1. 动律训练组合

（1）音乐：

东北民歌

1=C 2/4

(5 5 16 | 5 4 3 2 | 1. 2 7656 | 1 -) | 5 6 1 3 5 6 | 1. 2 7 6 |

5 6 1 6 5 3 | 2 - | 5 3 5 | 1. 6 5 3 | 2 2 3 5 0 6 | 1. 6 |

(3 3 5 2 1 6 | 5 -) | 3 1 2 | 7 6 5 5 | 1 7 6 5 6 1 | 1. 2 6 5 |

2 5 3 5 | 6 1 6 5 3 | 1. 7 6 1 | 2 2 3 | 1 7 | ♭7 6 3 |

5. 3 | 2. 1 2123 | 5 5 16 | 5 4 3 2 | 1. 2 7656 | 1 - ‖

（2）组合基本动作：

① 正步、踏步压脚后跟。

② 上下律动、前后律动、画圆律动、扶鬓律动。

（3）组合动作顺序：

前奏音乐：前4拍正步位双手持手巾花自然下垂，后4拍双手手心向上，经体前下方交叉后打开，做里挽花至叉腰位，身体前倾。

① 1—4拍：压脚跟2次，重拍在下。

　　5—8拍：上下提压动律4次（左起）。

② 1—4拍：同① 1—4拍动作。

　　5—8拍：前后提压动律4次（左起）。

间奏：1—4拍：画圆提压动2次（右起）。

③ 1—4拍：前2拍双手手心向上在胸前打开，身体向右闪身撤步变右踏步。后2拍面向8点方向双手绕手巾花扶鬓，左脚上步右脚并步。

　　5—8拍：画圆提压动律4次（右起）。

④ 1—4拍：双手扶鬓保持不动，双脚正部位向4点方向墩步4次。

　　5—8拍：前2拍双手在胸前交叉做花，同时撤左脚成右踏步。后2拍双手绕手巾花成双护头位，同时左脚1点上步成正步位。

⑤ 1—4拍：做小交替花2次，正步压脚后跟4次。

　　5—8拍：做大交替花2次，正步压脚后跟4次。

⑥ 1—4拍：前2拍双抚胸（右手→左手），正步压脚后跟2次。后两拍双抚胸画圆动律两次（右→左）。

　　5—8拍：前2拍上身由3点方向拧转回1点，同时双手头顶上方绕手巾花后，双分手落小燕展翅位，右脚上步左脚并步。后2拍做小交替花，落前叉腰位。

鼓点一结束动作：

咚：双手背手，闪身叫鼓；$\frac{0 \; X \; X}{古儿 \; 龙} \Big| \frac{X \; X}{咚}$：右手里绕花由头顶上方经胸前下弧线，至3点方向，同时右脚3点方向上步成右踏步；$\frac{X}{仓}$：成踏步蹲亮相舞姿。

2. 前踢步组合

（1）音乐：

1=C 2/4 　　　　　　　　　　　　　　　　　东北民歌《月牙五更》

前奏
(3.235 76 | 5 356 | 5 -) | 335 6 | 3 - | 2.3 56 | 3.532 1 6 |

间奏1　　　　　　　　　　　　　　　　　　　　　　　间奏2
(32 12 | 2 -) | 335 6 | 3 - | 2.3 56 | 3.532 1 6 | (32 12 76 |

0532 | 32 1 23 | 1 -) | 36 335 | 2 76 | 36 335 | 2327 6156 |

　　　　　　　　　　　　　　　　　　　间奏3
11 6.161 | 232 35 5 6 | 3.532 1 6 | (3.535 76 | 5 3.561 | 5 -) ‖

（2）基本动作：

①前踢步。

②外片花，里绕花。

（3）动作顺序：

前奏音乐：前2拍正步位双手持手巾花自然下垂，后4拍双手手心向上，经体前下方交叉后打开，做里绕花至叉腰位，身体前倾。

①1—4拍：画圆动律前踢步左右各2次，右脚先做。

5—8拍：同①1—4拍，同时单手交替做里绕花各2次（左手起）。

间奏1：双手身体前后做里绕花2次（左手起），同时做画圆动律，右脚先前踢步2次。

②1—4拍：前2拍面向8点，右手胸前做外片花，脚下移重心，右脚前点成主力腿蹲，右手再做里绕花，右闪身撤右脚至踏步位面向2点；后2拍同前2拍做反面动作。

5—8拍：双手1拍从上至胸前做里绕花1次面向7点，双手再经头上方1拍打开，左手在上右手在前，身体扭转至2点，后2拍做动律4次（左起）。

间奏2：前8拍左右交替身体前后做下捅花4次（右手起），脚下交替前踢步4次（左脚起）。后2拍身体向左倒，双手做小五花，向左半蹲转圈至1点双手后背。

③1—4拍：单手外片花左右各2次（右手起），身体面向8点后转向2点方向，同时前踢步2次（左脚起）。

5—8拍：做蚌壳花两次，身体由8点至2点拧转前踢步2次（左脚起）。

④1—8拍：同②1—8拍动作。

间奏3：前4拍左右交替身体前后做下捅花2次（右手起），脚下交替前踢步2次（左脚起），后2拍身体向左倾，双手小五花向左半蹲转圈至1点双手背手，亮相结束。

3.综合表演组合一

(1)组合音乐:

东北民歌

1=C 4/4

(乐谱)

(2)基本动作:里绕花、外片花、交替花、蝴蝶花、扁担花、蚌壳花、前踢步、后踢步、十字步等。

(3)动作顺序:

准备:顺风旗手位,脚下左踏步,面向5点方向做造型。

前奏:保持以上动作4拍。

① 1—4拍:双手交叉从上至斜下方,身体转至2点,脚下大八字位。

5—8拍:同①1—4拍反面动作。

② 1—4拍:左托按掌绕手巾花1次,脚下正部位7点方向。

5—8拍:双手由胸前打开,右手在胸前,左手在头顶上方,同时脚下膝跳1次右脚旁点。

③1—8拍:双手顺风旗右手在上停住,同时撤右脚至左踏步。

④1—8拍:保持以上舞姿做外片花。

⑤1—8拍:双手打开至小燕展翅位做画圆动律(右起),同时并右脚成正步1点方向。

⑥1—8拍:做双手叉腰画圆动律2次(右起),同时做前踢步2次(左起)。

⑦1—8拍:同⑥1—8拍,速度加快1倍做2遍。

①—⑦反复音乐:

①1—8拍:胸前小交替花2次(右起),脚下正步位。

②1—4拍:头顶大交替花2次(右起)。

5—8拍:前2拍双手至右顺风旗位,左脚同时向3点方向上步成左踏步,后2拍左肩耸肩1次。

③1—8拍:同①1—8拍动作,反面方向。

④1—8拍:同②1—8拍动作,反面方向。

⑤1—4拍:前2拍身体向5点拧转,做扁担花1次,同时向后移重心;后两拍身体向1点拧转,做扁担花1次,同时向前移重心。

5—8拍:前2拍双护胸绕手巾花1次,后2拍双手依次向前打开(右—左),同时左脚后撤步并右脚成正步。

⑥1—8拍:做蚌壳花2次,同时前踢步4次(左起)。

⑦1—8拍:右手从旁向斜上方缠花至斜前上方,同时脚下4拍踏步下蹲,4拍起身,身体拧转至8点。

⑧1—8拍:肩前上下甩手巾花8次(右起),同时后踢步8次(左起)。

⑨1—4拍:2、8点方向各做蝴蝶花1次。

5—8拍:同②1—4拍动作,反面方向。

⑩1—8拍:做下捅花4次,同时脚下走十字步(右脚起)。

⑪1—8拍:同②1—8拍动作,反面方向。

⑫—⑬1—16拍:前12拍做下捅花6次,同时向左转身上步6次转1圈(右脚起);后4拍手从前打开至小燕展翅位,同时脚下碎步向5点方向后退。

⑭1—8拍:双手山膀手位做外片花,同时右脚先向前走圆场步(右脚起)。

⑮1—8拍:双手山膀手位做外片花,脚下走圆场步向右转1圈。

⑯1—8拍:双手蚌壳花2次,同时脚下勾脚旁点步4次(右起)。

⑰1—8拍:双手大交替花8次(右起),脚下动作同⑧1—8拍。

⑱ 1—4拍：双手头顶做里绕花，同时脚下碎步自转1圈（左起）。

5—8拍：双手从头顶下穿左手至后背，右手按掌亮相，同时左脚上步踏步然后右转身至右踏步亮相。

第三节　蒙古族民间舞

一、基本简介

蒙古族以马背上的民族著称。在辽阔的大草原上，蒙古族人"逐水草而居"，放牧生息，从事着狩猎游牧的生产劳动，长期的草原生活，培养了蒙古人民勇敢、热情、直爽的性格，同时也创造了辉煌的草原文化。在草原文化的百花园里，绽开着一枝鲜艳夺目的花朵，那就是蒙古民间舞艺术之花。

蒙古族民间舞分为三类：自娱性舞蹈、宗教祭祀性舞蹈、表演性舞蹈。

蒙古族民间舞蹈的主要形式有"牧马舞""筷子舞""盅碗舞""安代舞""摔跤舞""挤奶舞"等。

1. 牧马舞

牧马舞是一种表现牧骑生活的舞蹈形式，多以骑马、爱马、驯马以及骏马奔驰为内容，散发着浓郁的草原气息，风格突出，有极强的民族性。

2. 筷子舞

筷子舞是蒙古族礼仪性民间舞蹈，多由男子表演，样式多种，但共同的特点是：舞者手持一把筷子敲打手、腿、肩、腰、脚等部位，风格粗犷强健，节奏性强，给人以热情奔放和勇敢的美感。

3. 安代舞

安代舞是蒙古族的群众性即兴歌舞，人数不限，一人领唱，众人相和，动作简单奔放，气氛热烈欢腾，每逢年节喜庆之时，人们都会即兴起舞。

蒙古族民间舞具有浑厚、舒展、豪迈、粗犷的风格特点，具体表现男子的强健骁勇和女子的端庄典雅。蒙古族的民间音乐旋律优美、气息宽阔、感情深沉，草原特色浓郁，具有鲜明的民族风格。如"安代舞"，音乐纯朴、粗犷、豪放。"筷子舞"和"盅碗舞"流传于内蒙古西部的鄂尔多斯地区，音乐多为当地民歌，伴奏乐器是马头琴，这是蒙古族最有特色的民间乐器。

蒙古族民间舞的动作具有柔韧、刚健、剽悍的特点，主要为"腕""肩""马步"的动作。在舞蹈时手掌与腕平直,手腕随音乐节拍上提、下压,脆韧有力。肩部动作丰富,随情绪而变化,有节奏鲜明的"硬肩"、内在韧劲的"柔肩"、轻松欢快的"笑肩"、洒脱幽默的"耸肩"和俊俏灵活的"碎抖肩"。步伐繁多的"马步",一般模仿马的各种动作,多姿多彩,形象生动。

蒙古族舞蹈的基本动律为上身松弛画圆,双肩柔韧舒展,膝盖平稳,上身略后倾,舞蹈风格豪迈有力。

二、基本动作

1. 脚型(自然脚型)

2. 手型

(1)四指伸直并拢,拇指稍翘起与其他四指略分开,五指在一个平面上形成掌型。(图3-17)

(2)五指自然伸直掌型。(图3-18)

(3)空心拳(勒马状)。(图3-19)

图3-17 四指并拢掌型

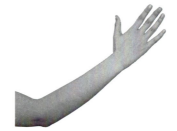
图3-18 五指自然伸直掌型

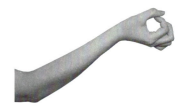
图3-19 空心拳

3. 脚位

(1)八字脚位:同古典舞脚位(小、中、大)。(图3-20、图3-21、图3-22)

图3-20 八字脚位(小)

图3-21 八字脚位(中)

图3-22 八字脚位(大)

（2）前脚丁字点位：同古典舞前点步（小、中、大）。（图3-23、图3-24、图3-25）

图3-23 前脚丁字点位(小)　　　图3-24 前脚丁字点位(中)　　　图3-25 前脚丁字点位(大)

（3）后脚丁字点位：同古典舞踏步位（小、中、大）。（图3-26、图3-27、图3-28）

图3-26 后脚丁字点位(小)　　　图3-27 后脚丁字点位(中)　　　图3-28 后脚丁字点位(大)

4. 手位

（1）一位手：双臂平行于跨前，手心向下。（图3-29）

（2）二位手：双臂于体侧前斜下方，手心向下。（图3-30）

图3-29 一位手　　　　　　　　　　图3-30 二位手

（3）三位手：双臂侧平举，手心向下。（图3-31）

（4）四位手：双臂斜上举，手心向外。（图3-32）

图3-31 三位手

图3-32 四位手

（5）五位手：双臂屈肘，手心向下，手指相对，于左右胯旁。（图3-33）

（6）六位手：双手搭在肩上，双肘架起。（图3-34）

（7）七位手：拇指跷起，握空心拳叉腰。（图3-35）

图3-33 五位手

图3-34 六位手

图3-35 七位手

5. 基本步伐

（1）平布：（1拍完成）

准备：身向1点，小八字位。

一脚拖地向前迈一步。连续动作为两脚交替进行。

要求：脚保持小八字位，重心下沉，气息下沉。

（2）踮步：（2拍完成）

准备：身向1点，后脚丁字位。

第1拍：前脚由前脚掌到全脚掌着地，屈膝，后脚前脚掌稍离地。

第2拍：后脚前脚掌着地踮起，前脚同时离地。

要求：主力腿要有控制地屈伸。

（3）碎步：（1拍完成）

准备：身向1点，正步位。

前脚掌着地为支步点，快速而均匀地向前移动。

要求：上身平稳。

（4）摇篮步：（1拍完成）

准备：身向1点，正步位。

右脚落于左脚外侧，左脚外缘着地，重心移至右脚，双膝屈。

左脚全脚着地，右脚外缘着地，重心移至左脚，双膝屈。

（5）走马步：（1拍完成）

准备：身向8点，正步位右脚尖着地。

右脚前伸。

落右脚，左脚跟上，紧贴于右脚旁，脚尖着地，双屈膝。连续动作为两脚交替进行。

（6）跑马步：（4拍完成）

准备：身向8点，正步位双膝屈。

1—2拍：右脚在前，左脚在后，右、左、右、左交替跳落，上身前俯。

3—4拍：右脚后退，左脚在前，右、左、右、左交替跳落，上身后仰。

（7）勒马挥鞭步：（4拍完成）

准备：身向1点，正步位双手勒马，上身稍前倾。

Da：右手经下弧线向后斜上方挥鞭。

第1拍：左脚踏落，右腿吸起。

第2拍：右脚踏落，左腿吸起。

3—4拍：步伐同1—2拍，右手经原路线回到双手勒马2次。

（8）交替摆步：（2拍完成）

准备：身向8点，正步位双膝稍屈。

第1拍：左脚踏地。

Da：右脚踏地。

第2拍：左脚踏地，同时右腿旁摆，上身左倾。

6. 肩部动作

（1）硬肩：（1拍完成）

准备：七位手。

右肩向前，肘向后，同时左肩向后，肘向前。连续动作为双肩交替进行。

要求：动作要有弹性，脆而有力。

（2）柔肩：（2拍完成）

准备：小八字步位。七位手。

1—2拍：右肩向前，肘向后，同时左肩向后肘向前。

要求：要与身体的呼吸配合起来，动作慢而有韧劲。

（3）耸肩：（分双耸肩和单耸肩）（1拍完成）

准备：七位手。

双耸肩是双肩向上耸起，同时落下。

单耸肩是一肩耸起落下，另一肩保持不动。

要求：耸肩动作小而快，耸肩重拍向上，单耸肩两肩交替进行。

（4）笑肩

准备：七位手。

双肩上下快速颤动。

要求：肩部放松，动作均匀。

（5）碎抖肩：

准备：七位手，或双臂屈肘于胸前。

左右肩交替快速前后均匀抖动。

要求：双肩放松，肩胛骨有下垂感，节奏均匀，动作流畅。

7. 手臂动作

（1）柔臂：（2拍完成）

准备：身向1点，小八字位，双臂垂于体侧。

1—2拍：一臂提腕往上"拉"，同时另一臂压腕往下"抹"。

要求：以腰发力，带动肩、大臂、小臂、手腕、手，呈波浪形柔动，拉和抹要有柔韧内在感，双臂舒展，节奏缓慢。

（2）曲臂：（2拍完成）

准备：身向1点，后脚丁字位，三位手。

第1拍：双臂肘关节快速弯曲。

第2拍：双臂肘关节伸直。

要求：双臂肘关节快速屈伸，手心向上或向下，可在二位或四位做。

（3）绕臂：（2拍完成）

准备：身向2点，后脚大丁字点位，二位手。

1—2拍：左手臂在手指、手腕的带动下，在胯部左侧向里绕，手心向上。右手臂不动。动作连续进行，左右手交替做。

要求：架肘，绕动时，动作连贯。

8. 手腕动作

（1）提压腕：（硬腕）（2拍完成）

准备：身向1点，后脚丁字位，一位手。

第1拍：双手提腕。

第2拍：双手压腕。

要求：节奏鲜明，动作有弹性，在一位至五位上进行，可左、右手交替提压。

（2）绕腕：（1拍完成）

准备：身向1点，小八字位，三位手。

双手由里向外绕腕。

要求：以腕带动手掌、手指，由里向外绕动，绕动要呈完整的一个圈，胳膊肘与小臂要随之运动，可在二位或四位做。

三、舞蹈组合

1. "硬腕"训练组合

（1）音乐：

吴应炬《草原英雄小姐妹》

（2）基本动作：硬腕、双晃手、小鹰展翅；踏步、点步、踏蹾步。

（3）准备动作：双手体前端平，指间相对，偏于体左侧，屈膝半蹲，身朝1点。

① 1—5拍：双手胸前提压腕。

6—8拍：双晃手到三位手压腕，重心左腿，右腿旁吸腿。双手分开一高一低，压腕，身体向2点方向，右脚掌立起。

② 1—4拍：三位手提压腕，左脚在前。

5—8拍：1拍1次提压腕。

③ 1—4拍：双晃手到三位手做硬腕，脚下后撤一步，以右脚为重心，左脚前点地。

5—8拍：重心到左脚后上三步，以左脚为重心，手三位。

④ 1—4拍：双膝弯曲，右脚前点地，双手身体前端平做提压腕。

5—6拍：转向后做提压腕。

7—8拍：回到正前提压腕。

⑤ 1—4拍：顺风旗提压腕，左脚向旁上步，右脚跟上，身体面向2点低头，双手三位压腕，脚下蹾步前踢同时双手贴腿向后压腕。

5—8拍：向右做垫步，双手身体前做提压腕。

⑥ 1—4拍：向右转圈，同时双手向右画两次圈，踏步蹲双手平端掌。

5—8拍：做小鹰展翅，正反面各2次。

⑦1—8拍:同⑤1—8拍动作,方向相反。

⑧1—8拍:同⑥1—8拍动作,方向相反。

结束动作:最后1拍从右向左做甩裙动作然后上右脚,双脚脚尖踮起,顺风旗位置做提腕。

2. 肩部训练组合

(1)音乐：

乌兰托嘎《呼伦贝尔大草原》

(2)基本动作:硬肩、绕肩、柔臂、耸肩;踏步、点步、圆场步。

(3)动作顺序:

前奏准备动作:背对1点,左右手成顺风旗位,左脚前,右脚后点步。

①1—8拍:大波浪手一个8拍,转身右脚上踏一步,换左脚上踏一步。

②1—8拍:左脚前踏,右脚后点地,成右中踏步,上半身双手相抱,再打开,做两遍。

③1—8拍:左脚向前一步,做柔肩动作。

④1—8拍:脚下垫步右转1圈,双手腰间盘腕。反面相同。

⑤1—8拍:双手从两腿旁边向上打开,再从耳旁向下盖,接着从两侧打开,双手握拳,大拇指打开放腰间。

⑥1—8拍:反面同上。

间奏1—2拍,抬左脚向前,双手从两侧打开落到腰间。

重复音乐：

③ 1—8拍：硬肩，交替进行，左脚在前，右脚在后点地。

④ 1—8拍：绕肩2个，左右耸肩4个。

⑤ 1—8拍：方向相反同上。

⑥ 1—8拍：向右踏1步，右脚点地，双手做提压腕，往下蹲，方向相反做1遍。

间奏1—2拍，左右手顺风旗位，踏右脚，吸左腿转1圈。

⑦ 1—8拍：柔肩4个，脚下前后移动重心；向前边走边做4个柔肩。

⑧ 1—8拍：向后转身走圆场步，左手背手，右手七位打开，立掌。交换反面，再正面；双手同时交换。

⑨ 1—8拍：转身向前走圆场步，双手向上提腕。向后退，双手同时向下压腕。

⑩ 1—8拍：右脚向左前踏步，双手在左前方做提压腕，右脚再点回左旁，双手打开到顺风旗位，做两遍。

最后造型：左脚在后，右脚前踏，双手在左前方做抚摸动作。

3. 马步训练组合

（1）音乐：

1=C 4/4　　　　　　　　　　　　　佚 名 曲

（2）基本动作：勒马手、提压腕、柔臂；踏步、点步、踏跺步、勾步。

（3）动作顺序：

准备动作：1—8拍：从上场门背身跑出，双手勒马缰。转身踏步蹲，身体前趴。

① 1—3拍：勾脚上步先右后左，再向旁立半脚尖；双手勒马缰，身体呈波浪状。

　　4—8拍：踏步蹲，双脚分开立半脚尖；做3组，上身随动，双手勒马缰。

② 1—8拍：动作同①1—8拍。

③ 1—4拍：身体由左横移至右，下旁腰，右手挥鞭，脚下弓步。

　　5—8拍：双手从右横移至左，脚下重心随动到弓步立脚尖，压脚跟1次。

④ 1—4拍：面向2点方向手部做挥鞭勒马缰，脚下踏步蹲。

　　5—6拍：面向5点，双手从左横移至右，脚下重心随动到弓步立脚尖，压脚跟1次。

　　7—8拍：身体面向7点，双脚交叉，同时跺脚两次，双手勒马缰。

⑤ 1—4拍：硬腕，左右各2次，脚下重心跟手随动。

　　5—8拍：手部做挥鞭勒马缰，脚下交叉转1圈。

⑥ 1—8拍：动作同④1—8拍。

⑦ 1—4拍：原地走小碎步。

　　5—8拍：单耸肩从右开始，两慢三快，脚下点步。

⑧ 1—2拍：左腿弓步，身体向右下旁腰，柔肩，双手勒马缰。

　　3—4拍：踏步，身体向左倾斜做柔肩。

　　5—6拍：双跺脚，右脚弓步，双手勒马缰。

　　7—8拍：向右转1圈。

⑨ 1—8拍：动作同⑧1—8拍。

⑩ 1—8拍：面向8点做柔臂，两慢四快，脚下踏步。

⑪ 1—4拍：原地走小碎步。

　　5—8拍：单耸肩从右开始，两慢三快；脚下点步。

⑫—⑬ 重复①—②两个8拍动作。

⑭ 1—8拍：面向8点手部做挥鞭勒马缰，脚下踏步蹲。

⑮ 1—8拍：面向2点重复1次。

⑯ 1—8拍：跑马步，右脚前，左脚后，手部做挥鞭勒马缰。

⑰ 1—8拍：动作同⑯1—8拍。

结束动作:最后1拍舞姿停在踏步蹲,手部做挥鞭勒马缰。

(4)提示:

蒙古族民间舞中的肩、腕、臂、马步动作各有特点,硬腕的提压要脆韧,手臂的舒展要柔韧,肩部动作难度较大,学习时应掌握由慢到快、循序渐进的原则,体现柔韧之美、刚健之美的风格特点。

第四节　维吾尔族舞蹈

一、基本简介

在我国西北边陲新疆,美丽的天山南北,居住着一个历史悠久的古老民族——维吾尔族。

维吾尔族原先居住在中国北方草原,后迁徙到此,并逐渐由草原游牧生活发展为定居的农业生活,曾被译为"回纥""回鹘""畏兀儿"等,后统一以"维吾尔"作为该民族的名称,是"联合""协助"的意思。在宗教方面,维吾尔族人先后信奉萨满教、摩尼教、佛教、伊斯兰教等,现今,多信仰伊斯兰教。维吾尔族人居住的新疆地区,过去和中亚一起被称为西域,汉代张骞出使西域后,打通了一条连接东西方的"丝绸之路"。商贸的繁荣带来了文化的交流和融合,形成了西域地区独特的文化风貌。维吾尔族人民便是在这样的背景下,创造了本民族丰富灿烂的文化,其中,舞蹈作为一种载体,记载了维吾尔族悠久的历史,展示了这个民族的理想追求,体现了维吾尔族的风俗人情。

维吾尔族的民间舞蹈形式多样,最有代表性的是赛乃姆和多朗。赛乃姆是一种表演性较强的自娱性歌舞,有即兴的特点,广泛流传于天山南北,并因地区音乐风格的差异,形成当地特色。其中,南疆以喀什赛乃姆为代表,特点是明快活泼,深情优美;北疆以伊利赛乃姆为代表,特点是潇洒豪放。多朗是维吾尔族历史悠久、形式完整、动作粗犷矫健的礼俗性舞蹈,每逢节日人们都要跳多朗舞。开场时唱散板序歌,不舞,随后在奇克提麦、赛乃姆、赛乃克斯、赛勒玛四种音乐节奏的伴奏下,先是两人对舞,继而是集体舞。随着音乐节奏的由慢变快,穿插有双人竞技性旋转表演。多朗舞的内容,有表现狩猎、打仗和生产劳动的,也有反映爱情生活的。

维吾尔族舞蹈端庄大方、热情奔放、幽默开朗、特点鲜明,主要通过以下几个方面体现:

1. 节奏

维吾尔族舞蹈的伴奏音乐,节奏多为附点和切分,在弱拍上给以强处理,这是形成维吾尔族舞蹈特有动律和韵味的基础。

2. 姿态

昂首、挺胸、立腰是维吾尔族舞蹈的基本体态,结合变化丰富的手臂造型,维吾尔族舞蹈形成了曼妙多姿的特点,体现了维吾尔族人自信、开朗的性格。

3. 微颤和摇身动律

微颤是维吾尔族舞蹈步伐中富有特色的动律,膝部有规律性的连续微颤和变化动作时瞬间的微颤,带来了维吾尔族舞蹈特有的动感,也使动作连接自然流畅。微颤和摇身的配合,加上"摇头""移颈""捻指""翻腕"等装饰性动作的点缀,使维吾尔族舞蹈别具韵味。

4. 旋转技巧

旋转是维吾尔族舞蹈中女性最常用的技巧,讲究快速、多姿,戛然而止,常出现在舞蹈的高潮处。

二、基本动作

（一）基本体态

站小八字步,双臂下垂、提臀、立腰、挺胸、垂肩、昂首,目光从鼻子尖向前看出去。（图 3-36）

图 3-36 基本形态

（二）基本动律

1. 点颤

准备：右前点步,双膝放松。

Ta：右脚掌稍离地面,同时左膝微颤 1 次。

① 右脚掌落地,双膝微颤 1 次。反复进行,要求颤而不窜。

② 摇身,在微颤的基础上横摇身体,有摇辫子的感觉。

（三）基本手形

1. 掌型

四指并拢,拇指自然打开。

2. 花型

拇指和中指指尖相对,其余三指自然翘起。（图 3-37）

3. 虚拳

空心拳,拇指贴食指第一关节处。（图 3-38）

图 3-37 花型

图 3-38 虚拳

(四)基本手位

1. 叉腰位

双手虎口叉腰,指尖相对,胳膊肘微向前。

2. 提裙位

双手于身体斜前下方,压腕。(图 3-39)

3. 双山膀立腕位

双手于体侧微向前,平伸,立腕。(图 3-40)

图 3-39 提裙位

图 3-40 双山膀立腕位

4. 双托位

双手位于头上方,手心向上,指尖相对,推腕。(图 3-41)

5. 双按位

双臂屈肘于体前交叉,立腕。(图 3-42)

图 3-41 双托位

图 3-42 双按位

6. 顺风旗位

一手于头顶上方推腕，一手于侧立腕。（图 3-43）

7. 托按位

一手于头顶上方推腕，一手屈肘扣腕，指尖对另一肩前。（图 3-44）

图 3-43 顺风旗位

图 3-44 托按位

8. 山按位

一手体侧立腕，一手屈肘胸前立腕。（图 3-45）

9. 托帽位

（1）双托帽位，双臂屈肘托于耳后，微夹肘。（图 3-46）

图 3-45 山按位

图 3-46 双托帽位

（2）单托帽位，一手托于耳后，微夹肘，一手斜前上方立腕（或叉腰等）。（图 3-47）

10. 点肩位

大臂抬起，屈肘收小臂，中指点肩。（图 3-48）

图 3-47 单托帽位

图 3-48 点肩位

11. 点帽位

大臂高抬,中指从上对下点向头顶。(图 3-49)

12. 敬礼位

单手或双手交叉扶于胸前,向前俯身,头微前点,目视斜下方。(图 3-50)

图 3-49 点帽位

图 3-50 敬礼位

(五)常用手臂动作

1. 绕腕

手掌向上平托,以腕为轴,指尖对着自己由里向外带动腕部迅速绕成立腕。

2. 打响指

拇指和中指捻动发出声音。

3. 点指

手心向下,花形手,腕部带动手指向下,如弹钢琴般点动。

4. 弹指

掌形手,手心向下,腕带动手指向上挑动。

5. 搭指

双手于头顶上方,一手手心向上,一手手心向下,相对,交替转腕,以中指搭另一手手心。

6. 推腕

双臂平行,手背相对,上举于头顶上方,腕部向斜前横推,带动手臂向同方向摆动,到位后迅速折腕换方向。

7. 柔手

腕、指根、指尖一节节伸展推出,再一节节收回弯曲。

8. 双绕脸

双手十指相叉,提腕于下巴下准备。右提腕带动手背绕右脸颊弧线至额前,继续向左压右腕顺左脸颊弧线回准备位。

9. 扛撩手

大臂抬起,手臂经斜前上方屈肘扛回,手心向上,然后手背带动撩出,按原路线放下手臂。

(六)常用头、眼、颈部动作

1. 碎摇头

以颈为轴,头左右快速转动,幅度小。

2. 挑头

以脆动律向上快速抬头,幅度小。方向可以是正前、斜前方,正侧方。

3. 平视

目光向前,和鼻尖方向平行。

4. 垂视

目光经鼻尖向下。

5. 仰视

目光向鼻尖上方。

6. 斜视

目光偏离鼻尖所对方向,向斜方向看出,可看上方、水平方、下方。

7. 移颈

头端正,下巴微收,保持身体不动,以颈为轴,头向两耳的方向横移。

(七)基本脚位

1. 前点步位

小八字步位,左脚重心,右脚前伸,前脚掌点地。(图 3-51)

2. 旁点步位

小八字步位,左脚重心,右脚旁出,前脚掌点地。(图 3-52)

图 3-51 前点步位

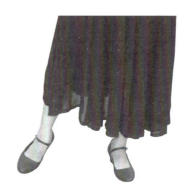
图 3-52 旁点步位

3. 斜后点步位

小八字步位,左脚重心,右脚斜后出,前脚掌点地。(图 3-53)

4. 小踏步位

小八字步位,左脚重心,右脚于左脚后屈膝交叉点地。(图 3-54)

图 3-53 斜后点步位

图 3-54 小踏步位

(八)基本舞步

1. 抬颤

小八字步位准备,一小腿快速后抬,同时一腿颤膝。

2. 踏蹲旁点步

一脚向另一脚前或后交叉上步或撤步成踏步蹲,立起时原主力腿向旁打开成旁点步位。

3. 横垫步（1拍完成）

准备:对1点,小八字步位站。

Ta:右脚抬颤。

第1拍:右脚脚尖对2点,脚跟着地,落于左脚前,向左碾动,同时左脚脚跟离地,跐脚,重心在两脚之间。

Ta:右脚碾落成全脚着地,同时,左脚向左横迈一步。

右脚主动,左脚跟随,反复进行,大腿收紧不离散。

4. 三步一抬（2拍完成）

（1）向前三步一抬:

准备:小八字步位。

Ta:右脚抬颤。

第1拍:右脚向前一步。

Ta:左脚跐脚向前上一大步。

第2拍:右脚向前上步呈左后踏步。

Ta:左脚抬颤。

（2）向后三步一抬:脚掌着地连续向后走三步,一次抬颤。

（3）横移三步一抬。

准备:小八字步位。

Ta:右脚抬颤。

第1拍:右脚向左做横垫步前半拍动作。

Ta:左脚向左横迈一大步,脚掌着地。

第2拍:右脚向左脚前上步呈左脚在后的小踏步。

Ta:左脚抬颤。

（4）转体三步一抬:以横移三步一抬为基础,右脚起步的三步一抬,在第3步时转体对2点。

（5）转身三步一抬:

准备:小八字步位。

Ta:右脚抬颤。

第1拍：右转身，右脚向4点上步，脚跟先着地。

Ta：左脚向5点踮步。

第2拍：继续转身对8点上右脚，成左脚在后的小踏步。

Ta：左脚抬颤。

5. 进退步（2拍完成）

第1拍：右脚勾脚，脚跟着地向前迈一步。

Ta：左脚脚掌着地原地踮步。

第2拍：右脚后撤，脚掌着地。

Ta：左脚脚掌着地原地踮步。

右脚也可在半脚尖上完成，可向前方、后方、横方移动。

6. 开关步

小八字步位准备。双脚分别以脚跟、脚前掌为轴碾动，在正八字和倒八字脚位间转换，向侧方向移动。

7. 跺移步（2拍完成）

准备：面向1点，正步位。

Ta：右脚略抬离地面，左膝微颤。

第1拍：右脚跺地，回正步位，双膝靠拢，微曲。

Ta：左脚向左横移一步，脚掌着地，双膝保持微曲。

第2拍：右脚向左脚前横移落脚，呈左脚在后的小踏步位。

8. 滑冲步（2拍完成）

准备：面向1点，小八字步位。

Ta：右脚抬颤。

第1拍：右脚向8点上步，左脚稍离地伸向左后，重心前倾。

Ta：转身面对2点，左脚掌落地同时右脚快速向前滑冲。

第2拍：右脚落地，弓步后直膝。

滑冲步第1拍前半拍可做跺步，或上步；第2拍前半拍可直膝或屈膝，重心前倾。

三、舞蹈组合

1. 动律和手位组合

（1）音乐：

$1=F$ $\frac{4}{4}$

新疆民歌《阿拉木汗》

‖: 5̲1̲1̲1̲ 7̲1̲2̲ 3. í | 7̲6̲5̲4̲ 3̲1̲2̲1̲ - :‖ 0̲5̲5̲ 5 6 í í í. |

0̲1̲ í í̲6̲í 6̲5̲ 5. | 0̲1̲ í í̲6̲í 6̲6̲ 5̲3̲ | 0̲5̲5̲ 5̲4̲ 3̲2̲ 3. |

（咚. 哒哒哒 0 哒哒）| 5̲1̲1̲1̲ 7̲1̲2̲ 3. í | 7̲6̲5̲4̲ 3̲1̲2̲1̲ - |

5̲5̲5̲5̲ 5̲4̲ 3̲3̲ í | 7̲6̲3̲2̲ í̲6̲7̲ í - ‖

D.C.（反复2遍）

（2）动作说明：

准备：前奏（主旋律最后两句）双手提裙位，半脚尖走步由3点至7点，再至1点，双手向前平穿打开，全视1点后收手呈双手抚胸礼，直身。

第1遍音乐：

①1—2拍：双膝半蹲，身体经2点转向8点，同时双手体前交叉后摊掌平穿打开，眼睛随手动。

第3拍：直膝，身体回1点，双手绕腕至提裙位，目视1点。

第4拍：保持舞姿，后半拍提气向左摇身。

5—8拍：向右摇身4次。

②1—8拍：和①动作结构相同，方向由8点向2点，手位为双山膀立腕位，后4拍向左摇身。

③1—8拍：双手侧屈肘，手心向下，指尖相对到眉前，弹指向头顶上方，后2拍绕腕成双托位。

④1—8拍：4次顺腕，后绕腕成手心相对顺脸颊下落。

9—10拍：双手前后互绕成双按掌，高低前后稍有错位

⑤1—8拍：柔腕，目光在2点至8点间移动，后2拍经平穿、绕腕成右手高顺风旗位，挑右侧胸腰，昂首目视右手方向。

⑥1—8拍：原位柔腕至最后两拍经平穿、绕腕成双托位，挑左侧胸腰，目视左上方。

第2遍音乐：

① 1—8拍：双手绕腕下落，后1拍呈叉腰位，右脚前点。

② 1—8拍：原地点颤动律，第7拍右脚上步成踏步蹲，左脚侧旁点，同时左手经平穿成单脱帽位。

③ 1—8拍：点颤摇身4次后上左脚踏蹲旁点步，同时左手落成叉腰位、右手平穿打开至单山膀位。

④ 1—8拍：点颤摇身4次，后双手摊掌从2点至8点，打开左手接搂抱式动作呈左托按位，重心移动到左脚，目视8点下方。

  9—10拍：左手从右肘里经过、上穿向2点上方，重心移动到右脚。

⑤ 1—8拍：挑右侧胸腰，双手柔腕慢慢打开，眼随左手，后两拍右手在上云手，重心到左脚，接右手捋辫子样后落肘立腕于胸前，左脚后撤呈小踏步，身体对8点。

⑥ 1—8拍：向左点转1周，后两拍成左单腿跪。

间奏（音乐同前奏）：

① 1—8拍：左手扶腿，右手屈肘慢慢撩起，柔腕，移颈。

② 2—8：右手上盘腕打开到右侧，平摊掌从2点到8点，一直移颈，后两拍慢慢站起，收左腿成踏步蹲转面对5点。

第3遍音乐：

① 1—2拍：右脚后撤成踏步蹲，右手在上搭指于左胯旁，右脚前点步位，向右点转回1点，同时双臂经头顶上方顺脸颊下滑，双手做抚摸脸的动作。

  3—4拍：旁点移步闪身，双手平穿至双山膀位。

  5—8拍：左手拎裙，左脚起步半脚尖，左走半圈面对1点。

② 1—8拍：舞步同上，方向相反，只踏步蹲时双手点肩，向右转1圈。

③ 1—8拍：前4拍左脚在前做踮步2拍1次，身对2点、8点做害羞状。后4拍动作同，速度快1倍。

④ 1—8拍：右、左踏蹲侧点步（向前）4次，配合左、右手绕脸颊旁打开、双臂上举捻指2次。

  9—10拍：双手经肩前、腋下下穿，同时右踏步蹲转1周。

⑤ 1—8拍：1—2拍右脚起步，向8点走3步成左侧对1点的踏步蹲，同时双手上托绕腕成右顺风旗位；3—4拍动作相同，方向相反；5—8拍右脚起步上步转向5点，同时双手平穿绕腕后成双托位。

⑥ 1—8拍：1—4拍右前点步向右点转回1点，同时双手按掌顺脸颊下落；5—8拍成右

后撤的踏蹲,左旁点步,同时双手呈左手脱帽位。

⑦ 1—8拍:(音乐重复⑥1—8拍)左脚在前向2点走横蹉步4步,同时双手下分手由低向两侧打开,接右、左轻跳成面对8点的左单腿重心,向右转1周呈左小踏步面对1点,同时左手掌托至胸前、右手手心对自己上穿至上方。

结束:提裙礼后提裙向7点跑下场。

(3)要领提示:

①本组合整合维吾尔族舞蹈的基本动律、体态、手位、上肢动作、点步及踏蹲旁点步。

②点颤、摇身、移颈、绕腕、柔手、点指、搭指等动作构成了维吾尔族舞蹈的风格特色,须和音乐节奏紧密结合,以感觉带动舞蹈动作,而不是机械模仿。

③注意头、眼、身、手、足的配合和动作之间的连接。

④要求体现维吾尔族舞蹈"挺而不僵,颤而不窜,上身撒得开,脚步不离散"的风格特点。

2. 垫步组合

(1)音乐:

(2)动作说明:

准备:前奏时候背对1点,于3点自然位准备。

第1段:

① 1—8拍:左脚起步向7点做横垫步,双手由体侧慢慢打开到顺风旗位。

② 1—8拍:同上,后4拍向右转面对1点。

③ 1—8拍:继续做左脚在前的横垫步向右至台中,微下右腰,双手体侧打开、弹腕慢慢向上。

④ 1—8拍:至双托位搭指4次后双手顺脸颊下落向右自转1周。

⑤ 1—8拍:原地右脚在前做垫步,右、左手胸前交替提腕。

⑥ 1—8拍:指尖向上柔手,后4拍左手放下,右手上盘腕后打开,同时向左转1周。

⑦ 1—8拍:向3点,左脚起步走横垫步,同时双臂上下平行于胸前,2拍1次上下交替。

⑧ 1—8拍:右脚在前做横垫步向7点,同时左手扶右肩,右手8、2点上方摆手。

间奏:音乐同前奏

① 1—8拍:向3点左脚起步做横垫步,搂抱式至左手高的托按掌位,移颈。

② 1—8拍:向左双绕脸2次,后4拍向右转1周。

③—④ 同上,方向相反。

⑤ 1—4拍:双手打开后,行礼。

第2段:

① 1—8拍:左脚在前向2点做横垫步,左脱帽位,后4拍向右转1周。

② 1—8拍:同上,方向相反。

③ 1—8拍:同① 1—8拍动作。

④ 1—8拍:同② 1—8拍动作。

⑤ 1—2拍:右进退步,双手于体前对腕、打开至提裙位,对腕时目视手,打开时目视1点。

3—4拍:右进退步,双手于头上方对腕、打开至提裙位,对腕时目视左下方,打开时目视1点。

5—8拍:右前点颤步向右转1周,双手由肩前下穿。

⑥ 1—8拍:同上,动作相反。

⑦ 1—4拍:右脚在前,侧向6点方向做横垫步,双手对2点摊手、绕腕,第1、3拍看2点,第2、4拍看6点下方。

第5拍:身对7点,右脚于1点点地,双臂对1点平伸摊掌,目视1点。

第6拍:转身对3点,右脚于5点跺步,双臂对5点平伸绕腕立掌,目视5点。

第7拍：左脚前点，双臂对3点平伸摊掌，俯身。

第8拍：左脚后点，双臂至右手高的托按位绕腕，向左后甩腰，转头目视1点。

⑧1—8拍：同上，动作相反。

第3段：

①1—4拍：右脚在前的垫步向左转一周，同时双手正云手横推向左侧。

第5拍：右脚1点上步同时右手从腰间平穿，下右腰。

第6拍：左脚上步，翻身。

7—8拍：同5—6拍动作。

②1—8拍：同①1—8拍动作。

③1—8拍：同①1—8拍动作。

④1—8拍：同①1—8拍动作。

⑤1—8拍：左脚在前向3点垫步，同时两拍1次顺腕，眼随手分别看2、8点，后4拍下穿手向右转1周。

⑥1—8拍：动作同⑤1—8拍动作。

⑦1—8拍：右脚在前向7点垫步，同时双手向8点斜上方1拍1次弹指，眼随手分别看8、2点，后4拍下穿手向左转1周。

⑧1—8拍：动作同⑦1—8拍，转半周后面对5点。

结束：（音乐同前奏）

①1—8拍：右脚在前垫步向3点方向下场，双手体侧由低到高1拍1次弹指4次，第5拍头顶上方对腕，后3拍顺脸颊下落。

②1—8拍：同①1—8拍动作。

③1—8拍：同①1—8拍动作。

④1—8拍：同①1—8拍动作。

（3）要领提示

a. 组合以横垫步、进退步、点转为主，配合不同的手臂动作，正反面训练。

b. 做横垫步时胯收紧、上提、控制好，不要左右转动。

c. 注意动作间的连接。

d. 可以安排在一定的队形上练习。

3. 三步一抬组合

（1）音乐：

1=B 4/4　　　　　　　　　　　　　　　　　　　　　　　维吾尔族舞曲

‖:（咚.哒 哒哒 咚哒 咚哒｜咚哒 咚咚 哒 0）:‖ 0.3 3334 33｜1.3 333 - ｜

‖: 0.3 3334 33｜1.3 333 - ｜0.3 3334 33｜1.3 333 - ｜

‖: 0.3 2 3 4 - ｜4.6 54 545 43｜3 11 3 23｜3.2 3 1 1 - :‖

D.S.
（反复4遍）

结束段

0.3 3 3 3 - ｜3 5 4 3 3 - ‖: 2.3 4654 32｜32 354 3 - :‖

0.3 3 3 3 - ｜3 5 4 3 3 - ｜3 11 3.2 3｜3.2 3 1 1 - ｜

‖: 0.3 2 3 4 - ｜4.6 54 545 43｜3 11 3 23｜3.2 3 1 1 - :‖

（2）动作说明：

前奏：基本体态立于舞台正后方准备。

第1段音乐：

①—③ 横移三步一抬，右脚先起步，右手先做敞开式的顺风旗位，目视8点。

④—⑦ 4、6点"之"字形退步，两组三步一抬换1次方向。前两组左手叉腰，右手后打开至山膀位，目视8点。

第2段音乐：

①—③ 横移三步一抬，扛撩手。

④—⑦ 后三步一抬，搂抱式至托按位。撤右脚，右手高，到位后目视右下方。

第3段音乐：

①—③ 横移三步一抬，双臂上方顺腕。

④1—8拍：右转身对5点方向三步一蹲，双手同时平打开至山膀按位，上身拧对1点，反面相同。

⑤1—8拍：舞步同前，双手经平穿打开至顺风旗位，体态为挑侧胸腰，拧对1点。

⑥—⑦：同④—⑤。

第4段：

①—③：转体三步一抬，第一次成右手高的顺风旗位，目视右肩下方，面部呈害羞状。

④1—8拍：转身三步一抬，双手于体侧自然打开提裙。

⑤1—8拍：右脚在前侧对6点横垫步，同时双手1拍1次摊掌和绕腕，对8点看。

⑥—⑦：同④—⑤，做反面动作。

第5段（结束段）：

①1—8拍：前4拍右脚起步三步一抬至面对5点，做右顺风旗位。后4拍左脚起步三步一抬向左，转停至面对7点。

②1—8拍：前4拍向左转后面对2点，退向6点右脚起步三步一抬回原位，同时做左单脱帽位。后4拍左进退步，同时双手胸前交叉推开至双山膀位。

③1—8拍：右、左两次踩移步，同时双手点肩打开。

④—⑤：同①—②，只是结束时面对1点。

⑥1—8拍：前4拍右脚起步转体三步一抬，同时左手托掌，右手平穿打开至体侧。后4拍前3拍同前，第4拍保持左脚重心，右小踏步，身对2点，面对8点，左臂自然下垂，右臂扶左肩。

⑦1—8拍：目视8点方向移颈。

⑧1—8拍：同⑥1—8拍，完整2次转体三步一抬。

⑨1—8拍：双手斜上举，同时右转2周，接右6点斜后撤步、左斜后点步，同时双手前后互绕后成左单脱帽位造型结束。

（3）要领提示：

a. 组合以三步一抬为主干动作，辅之以踩移步、横垫步、进退步的练习。

b. 注意脚下动作不因上肢动作变化而受影响，体会相同的舞步因配合动作不同而呈现不同的感觉。

第五节　傣族民间舞

一、风格特点

傣族是一个具有悠久历史和灿烂文化的民族，主要分布在云南省西双版纳、德宏两个州以及景谷、景东等地。傣族舞蹈具有优美、朴实、灵活、矫健、感情内在含蓄的特点，傣族舞蹈膝部柔美起伏,身体和手臂形成丰富多彩的"三道弯"造型,动作韵律柔中带刚,小腿敏捷并有提气、收腹、提胸和头部的巧妙配合,具有浓郁而独特的民族风格。

傣族地区广为流传的舞蹈有孔雀舞、象脚鼓舞、嘎光舞,这三种舞蹈是傣族地区具有代表性的舞蹈;傣族舞形式颇多,还有花环舞、蝴蝶舞、蜡条舞、长甲舞等。

傣族民间音乐和旋律比较平稳,优美恬静,有较强的律动感。

二、基本体位

（一）叉腰种类

1. 虎口叉腰

2. 平端手叉腰

3. 贴背叉腰

（二）基本手型

1. 掌型

四指并拢,虎口张开,大指微靠掌心,手掌用力伸展。

（1）立掌:掌型基础上压腕立掌指尖向上,手心向外。（图3-55）

（2）横立掌:保持掌型手,手掌指向旁,手心向前。（图3-56）

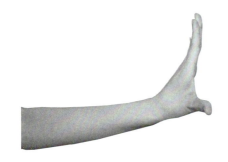
图 3-55 立掌

图 3-56 横立掌

（3）提腕掌:掌型不变。手心朝下,提腕。（图3-57）

（4）托掌:掌型不变,手心向上为托掌。（图3-58）

图 3-57 提腕掌

图 3-58 托掌

（5）摊掌：掌型不变。指尖朝下，掌心朝外，提腕折腕状。（图3-59）

2. 爪型掌

在"掌型"基础上，食指第二关节向掌心内折勾。（图3-60）

图3-59 摊掌

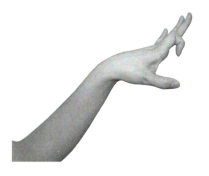

图3-60 爪型掌

3. 嘴型掌

在"掌型"基础上，食指尖与大拇指伸直并相捏；其余三指呈扇面依次向掌背用力张开。（图3-61）

4. 冠型掌

食指与大拇指弯曲相捏成圆形，其余三指呈扇面张开。（图3-62）

图3-61 嘴型掌

图3-62 冠型掌

5. 曲掌

四指并拢大拇指外展，手掌平伸。在此基础上掌关节稍内屈向掌心，掌心要空，勿捏紧。（图3-63）

（三）基本手位

1. 低展翅

以右手为例，右手在右旁做立式掌，左手在左胯旁立掌，掌心向下。（图3-64）

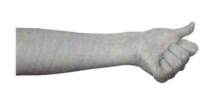

图 3-63 曲掌

图 3-64 低展翅

2. 高展翅

右手在右斜上方作冠型掌或托式掌,左手在左胯旁立掌,掌心向下。(图 3-65)

3. 平展翅

双手山膀位上立掌。(图 3-66)

图 3-65 高展翅

图 3-66 平展翅

4. 顺展翅

同古典舞顺风旗位,立掌。(图 3-67)

5. 双合翅

托掌位上双手提腕,腕相靠。(图 3-68)

图 3-67 顺展翅

图 3-68 双合翅

6. 合抱翅

右手同双合翅,左手屈肘提腕置掌于胸前,掌心对左外。(图3-69)

7. 双抱翅

两手交叉于胸前,立掌式。(图3-70)

图3-69 合抱翅

图3-70 双抱翅

8. 侧展翅

左手在山膀位立掌,右手按掌位立掌。(图3-71)

(四)基本脚位

1. 正步位

双脚脚尖对前,双脚并拢,全脚踩地。(图3-72)

图3-71 侧展翅

图3-72 正步位

2. 自然位

双脚脚跟相靠,脚尖自然外开。(图3-73)

3. 丁字位

(1)全脚丁字位:左脚自然位,右脚脚尖对二号位,在距左脚弓内侧一拳位置全脚踩地。(图3-74)

图 3-73 自然位

图 3-74 全脚丁字位

（2）掌点丁字位：在"全脚丁字位"上，右脚脚掌点地。（图 3-75）

（3）跟点丁字位：在"全脚丁字位"上，右脚脚跟点地，脚尖向上勾。（图 3-76）

图 3-75 掌点丁字位

图 3-76 跟点丁字位

4. 之字位

（1）两脚一前一后之字位：一脚在后自然位，一脚在前开 45 度点地。（图 3-77）

（2）掌点之字位：左脚自然位，右脚脚掌外开点地。双脚一脚之距离。（图 3-78）

图 3-77 两脚一前一后之字位

图 3-78 掌点之字位

（3）跟点之字位：左脚自然位，右脚脚跟点地，脚趾向上勾起外开。（图 3-79）

（4）后点之字位：同古典舞中踏步、半蹲。（图 3-80）

图 3-79 跟点之字位

图 3-80 后点之字位

三、基本动作

(一) 手的基本动作

1. 翻腕

先屈掌,然后由外向里转腕成立掌。翻腕时动作要有力,有韧性。

2. 盖掏手

双手屈肘于胸前,做动作时,左手外翻,右手提腕里掏至右肩前,臂屈成 90 度,左手继续盖到右肘下。

3. 内曲

准备动作,右手托于头上方(指向外),左手按于左胯旁。做动作时,右手从指、腕、肘关节向内屈,往腋、腰部下穿手,左手同时由体侧向上托掌,掌心向上,下左侧腰。

4. 晃手翻腕

做动作时要大臂带动小臂,手由外向里翻腕后掌心朝外画上半圆。单臂晃手时,所走路线似月牙形。

5. 轮手

两臂体侧下垂,右臂经前后绕 1 周,为单轮手,两臂交替轮手为双轮手。(轮手方向可变化)

(二) 头的基本动作

1. 雀环头

头从左侧抬起经上弧线到右侧,再从右侧起经上弧线至左侧。

2. 横扭头

立颈、头从前横向脆拧或慢扭向旁,再返回。

3. 脆点头

在双眼平视基础上,下巴 1 拍 1 次向前点头,重拍在外。

（三）肩的基本动作

1. 碎抖肩

两肩前后交替快速抖动，做时提颈，立腰，作骄傲状（似孔雀抖羽毛状）。

2. 双弹肩

重拍在下，双肩上下弹动，表示喜悦欢乐或挑逗的情绪，单肩连续上下弹动为单弹肩。

四、基本舞步

（一）平步

正步准备，（以右脚为例）前半拍，右脚向前一步，全脚掌落地，同时右腿屈膝，身体重心移至右腿。后半拍，右腿直膝，同时左脚小腿后撩。身体重心上移。做动作时膝关节屈伸要平稳。平步时，胯要随重心的移动，向同一方向崴动。

（二）踮步

以右脚为例，左踮步准备。动作时，前半拍右脚原地或向某一方向上一步，全脚落地随即屈膝，同时左脚离地。后半拍左脚单踮地，右脚离地。用踮地脚（动力脚）推动另一只脚原地或向某一方向上一步。两脚可交替进行，踮步行进方向可变化，主力腿的屈伸要柔和，身体重心随之起伏。

1. 交替踮步

正步位准备。左脚向前迈一步屈膝，右脚跟到左脚旁提。右脚屈膝用半脚掌落地稍直膝时，左脚即稍前抬。

2. 吸踮步

正步位准备，右脚半脚尖立起的同时，左脚贴右脚正吸，左脚落前屈膝，右脚半脚掌撑地的同时，左脚稍提，双屈膝，左全脚落前一步屈膝，右脚紧跟左脚旁紧提。

3. 碎踮步

单侧脚连续做"交替踮步"，节奏快速，可做进、退、横向、圆圈等。

4. 跳踮步

以右脚为例，右丁字步准备。第一拍前半拍右脚向2点上一步，上步时向前跳窜，同时左脚原地踮步一次。

五、舞蹈组合

1. 傣族舞综合组合

（1）音乐：

1=C 2/4　　　　　　　　　　　　　　　　　　　　　　傣族民歌

引子

(X X X X | X X X X) | 3 3 1 6̣1 | ³3 - | 3 | 1̂ 6̣1 | ¹2 - |

1 35 5 | 311̣6 6̣ 1 | 2. 3 32 1 | 2 - | 2353 1 23 | 2 21 6̣ |

5̣ 5̣ 1 6̣1 | 2. 35 | 3 2 1̣6 | 1 - | 1 - | 4 1 4 56 |

6 - | 6 56 5 1 | 3 5. | 1 5̣ 1 23 | 3. 35 | 1 5̣ 1 23 |

2 - | 4 1 4 56 | 6 - | 6 56 5 1 | ²3 - | 6 56 5 3 |

2. 35 | 3 2 1̣6 | 1 - ‖ 间奏 (6 56 5 3 | 2. 35 | 3 2 1̣6 | 1 -) ‖
　　　　　　　　　　Fine　　　　　　　　　　　　　　　　　　　　D.S.

（2）动作说明：

预备姿态：面向1点成后点之字步，双手呈右肩前合掌状准备。

第1段：

① 1—4拍：双腿屈膝半蹲左转一圈，面向8点屈膝双跪地，双手下分1周呈右肩前合掌状。

　5—8拍：右脚上步经半跪呈后点之字步，同时双手经曲掌呈高展翅。

② 1—4拍：动律成侧点丁字步，双手经曲掌呈肩上侧展翅。

　5—8拍：左小腿向里踢还原，双臂右摆还原呈肩上侧展翅。

③ 1—4拍：面向2点原地走平步4步，双手平展翅。左右平步后撤呈侧点丁字步，翻腕搭指于小臂呈侧展翅。

　5—6拍：侧点丁步动律1次，双手双合翅。

④ 1—4拍:向2点走平步4步,双手外翻前举摇曳。

5—8拍:半蹲平转1圈成点丁步,双手由平展翅呈低展翅。

⑤ 1—4拍:右转半圈面向5点成点丁步,右手呈平展翅,左手叉腰。原地动律,手腕提压腕两次。

5—8拍:正步半蹲,双手背后成左低展翅,左脚后撤成左掌之字步,双手呈右低展翅。

⑥ 1—4拍:向4点走三步一点(左右左右),双手由里往外掏呈右高展翅。

5—8拍:向右7点走2步后左臂上举,右臂下举翘腕呈高展翅。

⑦ 1—2拍:左脚5点上步半蹲,同时双手由顺展翅内屈于肩。

3—4拍:右脚3点上步半蹲,同时双手下穿呈顺展翅。

5—8拍:动作同⑦1—4拍,面向1点。

⑧ 1—4拍:右转向5点成侧点丁步,同时双手上穿成双合翅。

5—8拍:右转向7点,小踏步,右手下穿呈顺展翅。

间奏快板:

① 1—4拍:正步旁踢左右交换跳,双手曲掌呈合抱翅。

5—6拍:面向2点小跑,右手前伸左手搭右小臂上。

7—8拍:左脚向6点后撤呈侧点之字步,双手呈顺展翅。

第2段:

⑤ 1—4拍:右转半圈面向5点呈点丁步,右手呈平展翅,左手叉腰。原地动律,手腕提压腕两次。

5—8拍:双手背后呈左低展翅。左脚后撤呈左掌点之字步,双手呈右低展翅。

⑥ 1—4拍:向4点走三步一点(左右左右),双手由里往外掏呈右高展翅。

5—8拍:向右7点走2步后左臂上举,右臂下举翘腕呈高展翅。

⑦ 1—4拍:转向8点走4步原地平步,双臂由平展翅呈双合翅。

5—8拍:1点方向左右走平步后撤成侧点丁步,翻腕搭指于小臂呈侧展翅,后2拍呈双合翅。

⑧ 1—4拍:2点走平步4步,同时双手呈合抱翅。

5—8拍:右转1圈至1点成侧点丁步,双手下穿手呈高展翅,结束。

2. 傣族舞

（1）音乐：

1=C 3/4 施光南《月光下的凤尾竹》

（2）动作说明：

准备姿态：

面朝6点，右小踏步，右手肩上后屈，左手呈侧展翅位准备。

第1段音乐：

① 1—4小节：右小踏步，右手肩上后屈左手呈侧展翅位，半蹲动律1次。

　　5—8小节：左转面向1点成左点丁字步，双手曲掌翻腕呈低展翅，动律1次。

② 1—4 小节：双脚正步半蹲动律 1 次，同时双手叉腰。

5—8 小节：动律 4 次。

③ 1—4 小节：双手成叉腰姿势。

5—8 小节：左右摇曳 4 次。

④ 1—8 小节：左右原地走平步 6 步，第 7、8 小节左脚向左后撤一步，右脚向 2 点方向点地。

⑤ 1—8 小节：向 2 点走平步一慢二快 6 步，同时双手曲掌前推收回成按掌。第 6 步左脚前点步，左手叉腰，右手立腕前举。

⑥ 1—4 小节：左脚后推右脚前点，双手叉腰动律 2 次。

5—8 小节：左脚后退右脚前虚步律动，2 次。

⑦ 1—2 小节：正步动律 1 次成右脚侧点丁步，双手呈顺展翅。

3—4 小节：动律呈左点丁步，双手呈低展翅。

5—7 小节：动律呈左右前点步，双手呈左右合抱翅。

第 2 段音乐：

① 1—4 小节：向 3 点走 4 步平步，同时双手曲掌前推呈低展翅。

5—8 小节：动作同 1—4 小节，但方向相反。

② 1—4 小节：原地动律左右各 1 次后点丁步，同时双手呈高展翅。

5—8 小节：动律成左右各 1 次前点步，双手呈合抱翅。

③ 1—4 小节：左脚后撤呈左脚后点步，同时双手呈双抱翅。

5—8 小节：动律 1 次呈点丁步同时手臂呈低展翅（左右各 1 次）。

④ 1—4 小节：向左后点转 2 周，双手呈低展翅。

5—9 小节：向右走平步 1 步，同时双手后拉至腰间。

⑤ 1—4 小节：同第 1 段④ 1—8 小节的 5—8 小节，向右走平步一步，同时双手后拉至腰间。

5—8 小节：腰间按掌律动 2 次。

⑥ 1—4 小节：后退一步点丁步，双手不变。

5—8 小节：向 3 点上步呈左点丁步，同时双手呈底展翅，右转面向 5 点成右点丁步，同时双手呈双合翅。

⑦ 1—4 小节：双手呈低展翅，左转半圈面向 1 点成左侧点丁步。

5—8 小节：姿势不变，至音乐结束。

3. 傣族舞综合组合

（1）音乐：

傣族民歌

$1=C \quad \frac{4}{4}$

（2）动作说明：

准备动作：正步位，双手在体侧自然垂下。

前奏音乐：

① 1—8拍：双手从体侧向上举起至胸前双手合掌，同时双膝弯曲。

第1段音乐：

① 1—4拍：向3点方向走两步平步，同时双手经曲掌推出低展翅1次。

  5—8拍：动作同①1—4拍。

② 1—4拍:左脚掌点之字步,同时双合抱翅。

5—8拍:双膝经半蹲立起,同时双手从腋下掏出,呈顺展翅(左手在上,右手在旁)。

③ 1—2拍:左脚向4点后退1步,同时双手掌心对外向8点上方推出。

3—4拍:右脚向4点后退1步,同时双手拇指在前向8点上方做里挽花推出。

5—6拍:同③1—2拍动作。

7—8拍:向右转半圈面向5点呈双合翅,重心在左脚,右脚旁点地。

④ 1—4拍:向右转半圈,先撤右脚,后撤左脚转向1点,左手上右手下呈顺展翅,目视3点。

5—8拍:左脚后撤呈右小踏步,同时左臂由外向里单晃手成上托掌,右臂由外向里单晃手呈胸前立掌位。

⑤ 1—2拍:右脚向8点踢出,双手曲掌向外推出,右脚收回向后勾起,双手头顶呈外翻掌。

3—4拍:右脚上步,左脚旁点后举腿。同时双手云手呈右臂屈肘的顺展翅。

5—6拍:左腿向2点前踢呈右小踏步半蹲,双手前举外翻呈孔雀照镜。

7—8拍:动作同5—6拍,但方向在8点。

⑥ 1—2拍:左脚上步左转半圈右脚点步,同时双手呈低展翅。

3—4拍:右脚上步左转半圈左脚点步,同时双手呈低展翅。

5—6拍:重心左移(又叫旁点),同时右手臂向前2点上举,左手臂斜下举,向左拧身。

7—8拍:屈膝含胸抱臂。右脚后踢前伸呈前点步,同时双手呈托掌的合抱翅。

第2段音乐:

① 1—4拍:左脚向7点走小碎步,同时左手掐腰,右手上举翻手腕,第4拍时,右脚向后勾起落地,移重心到右脚,左脚脚尖踮起,同时双手低展翅。

5—8拍:向8点走4步,同时左手掐腰,右手左右摆动。

② 1—4拍:右脚上步做交叉上步两步,双臂做下穿手同时双手轮指。

5—8拍:动作同①1—4拍。

③ 1—4拍:面向5点左转呈左点丁步,同时双臂呈低展翅。

5—8拍:左右移重心呈左小踏步同时双臂左右摆动1次呈低展翅。

④ 1—4拍:面向4点走三步一点步,同时双臂由里向外翻摆呈低展翅,第4拍左右左上下翻掌,同时右脚脚尖点地。(左手上举,右手至脚尖位置)

5—8拍:重复1—4拍动作,方向相反。

⑤ 1—4拍：向1点左转呈左后点踏步，同时面向2点双臂呈高的低展翅。后2拍体态不变原地动律2次。

5—8拍：面向1点，右脚上步点地呈右点丁步，同时上身右拧呈左低展翅亮相，结束。

第六节　安徽花鼓灯

一、基本简介

安徽花鼓灯是我国汉族民间舞蹈百花园中一枝光彩夺目的花朵，产生和流传在淮北平原及淮河两岸，有浓郁的地方特色。主要伴奏乐器是花鼓，故名花鼓灯。淮河两岸人民纯朴、爽朗、强悍风趣的性格特征赋予花鼓灯艺术热烈奔放、朴实刚劲、敏捷活泼的风格特色。花鼓灯注重脚下功夫，小腿利落，舞时溜得起，刹得住。动作的对比性强，收放明显，表现力丰富。男子称为"伞把子""鼓架子"，女性称为"兰花"，使用的道具多为扇子和手绢。

花鼓灯的韵律特色是重心靠右后，身体腰晃扭，脚下梗住劲，传神用眼瞅，疾如风，停要陡，锣鼓点子跟脚走。

二、脚的基本位置

1. 正步（图3-81）

2. 前点步（主力腿直、动力腿前虚点）（图3-82）

图3-81 正步　　　　　　　　图3-82 前点步

3. 双立前点步（同前点步、主力腿立脚尖）（图3-83）

4. 点靠步（一腿直立为重心、另一脚在主力腿脚内侧处点靠）（图3-84）

5. 后勾脚（一腿直立、动力腿小腿向后勾起）（图3-85）

图 3-83 双立前点步

图 3-84 点靠步

图 3-85 后勾脚

三、扇子的位置与拿法

（一）扇子的位置

1. 一位（体侧斜下方）（图 3-86）

2. 二位（叉腰位）（图 3-87）

3. 三位（贴胸前）（图 3-88）

图 3-86 一位

图 3-87 二位

图 3-88 三位

4. 四位（右肩前）（图 3-89）

5. 五位（体两侧山膀位）（图 3-90）

图 3-89 四位

图 3-90 五位

6. 六位（扇角扛肩上）（图 3-91）

7. 七位（扇子头上方）（图 3-92）

图 3-91 六位　　　　　图 3-92 七位

（二）扇子的拿法

1. 全手握扇（全手握住扇轴，大拇指在扇面，另四指在扇背）（图 3-93）

2. 佛手扣扇（即虎口拿扇，大拇指在扇面，食指在扇背顶住扇骨，其余三指微弯虎口夹扇轴）（图 3-94）

图 3-93 全手握扇　　　　　图 3-94 佛手扣扇

3. 二指夹扇（大拇指、小指在扇面，食指、中指、无名指在扇背，似扇子插在手指中）（图 3-95）

4. 二指捏扇（用大拇指、食指两个手指捏扇）

（1）单手捏扇。

① 单手捏扇轴（图 3-96）

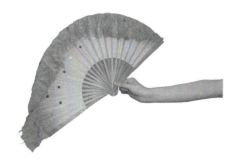

图 3-95 二指夹扇　　　　　　　　图 3-96 单手捏扇轴

② 单手捏扇骨（图 3-97）

③ 单手捏扇角（图 3-98）

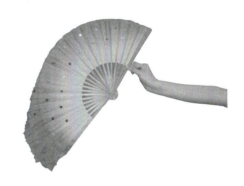

图 3-97 单手捏扇骨　　　　　　　图 3-98 单手捏扇角

（2）双手捏扇（用两手的食指、大拇指分别提两扇角）（图 3-99）

四、扇花与扇花舞姿

1. 扇花种类

抖扇、冲扇、倒贴扇（全手握扇），前后花、贴翻扇、扛扇、舀扇（佛手扣扇）、绕扇、合开扇、甩扇、蝴蝶盘花（二指捏扇轴）、飘扇、割扇、揉扇、云扇（二指捏扇角）。

2. 舞姿种类

怀中抱月、半边莲（握扇）、大砍肩、单展翅、燕子出水、野鸡溜子（佛手扣扇）、水中望月（二指双提扇角）。

图 3-99 双手捏扇

五、基本舞步

1. 平足步

脚下梗住劲，双脚平侧着地，前走风摆柳。

2. 双环步

双脚用前脚掌快速交替画小圈前走。

3. 后别步

双脚交替经旁擦出后别向后方。

4. 后跟步

脚跟着地,双脚交替前错步。

5. 簸箕步

上步、并脚拧身快速后勾腿。

6. 上山步

双脚交替从脚前掌逐步下压,至全脚落地,动作时注意腿上内在的柔韧性。

六、扇花组合

1. 欢庆锣鼓《兰花舞组合》

(1)音乐:

$1=G$ $\dfrac{2}{4}$

陈敬堂《欢庆锣鼓》
武娴忠编舞

热烈的伴锣鼓节奏

前奏

| 5.6 1 6 | 5 — | 1. 2 3 7 | 6 76 0 7 | 6 6 0 7 | 6 6 0 7 | 6 7 6 7 |

| 6 7 6 7 | 6 2 | 5 7 | 1 — | 1 — ‖: 匡 匡 :‖ 冬匡 一令 | 匡 0 |

曲一

$1=G$ $\dfrac{2}{4}$

热烈、欢快

| 6 3 3 | 1 2 3 | 2. 3 2 3 | 6 1 1 | 6 3 3 | 1 2 3 |

| 5 5 7 6 | 5 — | 1 3 5 6 | 5 3 | 2 5 | 7 6765 6 |

```
6̣ 1   2 | 7̣ 2̣ 6̣ | 6̣7̣6̣ 5̣ 6̣ | 5̣   2 3 | 5.   6 | 3 5 2 3 |

1   2 3 | 5   5 3 2 3 2̣ 6̣ | 7̣.   1 | 6̣ 5̣ 6̣ 1 | 5̣   -   |

6̣ 1   2 | 3   5 | 5   7̣ | 6̣.   7̣ | 6̣ 6̣ 0 7̣ | 6̣ 6̣ 0 7̣ |

6̣ 7̣ 6̣ 7̣ | 5̣.   6̣ | 2.   3 | 7̣   -   | 6̣ 7̣ 6̣ 5̣ 6̣ | 5̣   -   |

6̣ 3   3 | 1 2 3 | 2 3 2 3 | 6̣ 1 1 | 6̣ 3   3 | 1 2 3 | 5 5 7̣ 6̣ |

5̣   -   | 1 3 5 6 | 5   3 | 2 5   7̣ | 6̣7̣6̣5̣ 6̣ | 6̣ 1   2 | 7̣ 2̣ 6̣ |

6̣ 7̣ 6̣ 5̣ 6̣ | 5̣   -   | 5 5 0 2 | 1   0 | 5 5 0 2 | 1   1 2 5   1 2 |

5   1 2 | 5 6 5 6 | 5 6 5 6 | 5   5 | 5   5 | 5   -   | 5   -   ||
```

曲二

1=G 2/4

舒展优美

```
‖: 3 6̣ 1 2 7̣ 6̣ | 5̣ 3 5 5.6 | 5 5 6 5 3 2 | 1 6̣ 1 1 | 3 6̣ 1 | 1 2 5 3 5 |

2.   1 | 2 6̣ 7̣ 6̣ | 5̣   -   | 1 0 3̣ 5̣ 6̣ | 2 2   3 | 2.3 2 1 | 0 2 7̣ |

6̣ 5̣ 3̣ | 6̣. 1 2 3 2 7̣ 6̣ | 2 7̣ 6̣ 7̣ 6̣ | 5̣   - | 5̣   - :‖

6̣ 7̣ 6̣ 7̣ | 6̣ 7̣ 6̣ 7̣ | 6̣ 2   5 7̣ | 1   - | 1   - | 1   - | 1   - ‖
          匡匡 匡匡        匡匡 匡匡 0
```

曲三
1=G 2/4

热烈欢快

（乐谱）

（2）组合的基本动作：

① 基本舞步：平足步、二步二停、后别步、簸箕步、上山步、后勾前点步。

② 基本扇花舞姿：贴翻扇、扛扇、合开扇、舀扇、云扇、绕扇、外翻扇、大砍肩、单展翅、水中望月。

（3）动作说明：

前奏：左手持巾上托、右手佛手扣扇于体侧一位准备、正步位站立，最后2小节时起范儿上右脚左腿后勾。

曲一：热烈、欢快。

1—4小节：强拍在右脚，1拍1步走平足步向8点做风摆柳，同时2拍做1次由三位到一位的贴翻扇。

5—12小节：同1—4小节动作，做2次。

13—14小节：前2拍右脚向左方立的同时，扇子在左斜上方扇口向下打开；后2拍左脚上并拧身，手绢上盖花。

15—16小节：经拧身后，面对2点方向，双手至肩前四位做倒贴扇。

17—24小节：保持倒贴扇舞姿，平足步向2点方向走。

25—28小节：继续向2点走平足步，第1拍强拍即换手成扛扇，右前侧上举。

29—36小节：扛扇，平足步边走边右转半圈至7点。

37—38小节：前2拍右脚向右迈步、左脚跟上，同时双臂打开五位，手腕向上合扇；后2拍原地颤双手至胸前打开扇，即二步二停合开扇。

39—44小节：同37—38小节动作，反复3次。

45—52小节：双手二位，扇角对腰扇面平，平足步1拍1步，同时2小节一个方向，1点、7点、5点、3点方向。

53—54小节：前2拍双手两侧斜下分，右小腿快速后勾；后2拍右脚左前点地，同时左手巾前侧平举，右手在右斜上方处快速舀扇1次。

55—56小节：同53—54小节动作，方向相反，左腿后勾前点。

57—60小节：左脚起2拍1次向后退后别步，身体前倾略低，左手至后背，退左脚，右手扇至胸前，退右脚时扇子外翻至右侧，扇口均向下。

61—62小节：双手至胸前，小碎步后退，双手两侧打开。

63—64小节：上右脚成左小踏步，同时左手巾搭在右肩上，右手扇子外翻后至头前上方搭凉棚。

曲二：优美、舒展。

1—4小节：左脚起，2拍1次簸箕步，同时双手提扇角随舞步至腰旁上抬1次，似播种状。

第5小节：左脚上步，同时双臂经下弧线至胸前快速分合扇1次。

6—9小节：双脚立双手捏扇角平放左腰旁小碎步转1圈，最后2拍侧身右脚靠点，双手提扇角扇面竖立挡住头部。

10—11小节：保持姿势，原地呼吸，手臂上下屈伸2次。

第 12 小节：右脚向左前方虚点步，主力腿略弯，双手提扇角，右手臂前伸。

13—14 小节：重心移至右脚，直立左脚后走小踏步，同时双手提扇角至右上方，扇面对前，下腰"水中望月"。

15—19 小节：前 2 拍右脚左虚点，右单手 2 指捏扇角双手经外分至围身位，第 3 拍起向右单拐弯同时扇子向右外翻圆场 1 周，最后 2 拍上右脚，左脚小踏步，身体左前倾，左手巾搭右肩。

反复 1—19 小节音乐：

1—4 小节：保持姿势 2 拍 1 次原地呼吸。

5—7 小节：双手捏扇角小碎步后退，同时向右做 3 次云扇。

8—9 小节：前 2 拍原地揉扇 2 次，后 2 拍扣左腰上右脚前点，同时双手捏扇角至左侧上方做"水中望月"。

10—12 小节：保持姿态、呼吸亮相 3 次"凤凰三点头"。

13—14 小节：向右前方倒身，上左脚成右大踏步，同时右手扇子右前方下丢。

15—16 小节：抛接扇后，扇花盘头蹲转 1 周。

17—19 小节：经蹦跳 1 次双手臂打开，右手扛扇贴耳边，原地转由低到高做"野鸡溜子"。

20—21 小节：双手至胸前小碎步快速向 8 点做"燕子出水"。

22—27 小节：向 4 点做大砍肩动作，第 5 拍双脚立右脚前点地，体态三道弯。右手斜上举扇呈"单展翅"舞姿。

曲三：热情、欢乐。

1—4 小节：向 8 点方向 1 拍 1 步走上山步，双臂做前后花。第 7、8 拍左巾搭肩，右扇外翻 1 次。

5—16 小节：重复 1—4 小节动作，上山步，双臂前后花，每 8 拍做 1 次外翻扇。

17—18 小节：前 2 拍双臂向上外分扇，同时右、左横迈 2 步，第 3、4 拍左脚在右脚旁点地，扣左腰，做右手扇子高的顺风旗位。

19—20 小节：同 17—18 小节动作，方向相反。

21—24 小节：面向 1 点重复 17—20 小节动作。

25—36 小节：上山步，双臂做前后花，2 小节一个方向先向 8 点，再向 6 点、4 点、2 点，回 8 点。

37—38 小节：第 1 拍左脚虚点，左手巾向后，右手扇子对前下分，后 3 拍小碎步后退，右手扇子每拍做 1 次舀扇,同时经上弧线向后。

39—40 小节:继续走小碎步,左手向后轮臂快速做手巾花,每拍 1 次。

40—44 小节:反复 37—40 小节动作。

45—46 小节:双手前三位快速绕扇,右脚快速后勾后绷脚向左前方点地。

47—48 小节:同 45—46 小节动作,左脚前点地。

49—52 小节:反复 45—48 小节动作。

53—54 小节:正步身体对 8 点方向屈膝 2 次,同时双手于胸前向外侧翻扇 2 次。

55—56 小节:原地上山步,左手巾搭右肩,右臂五位做舀扇。

57—60 小节:反复 53—56 小节动作。

61—64 小节:向 4 点方向大错步做大砍肩动作,后面向 8 点做单展翅亮相。

2. 表演性组合《回娘家》

(1)音乐:

河北民歌《回娘家》
陈 明 编舞

$1=G$ $\frac{2}{4}$

(5.6 5 6 | 5 6 1̇ | 5 6 3 2 | 1 — | 2 5 2 5 | 2 5 2 5 | 6 2 4 |

5 — | 5 5 | 5 5 | 5 5 | 5 5 —) ‖ 5 — | 1̇. 1̇ |
　　　　　　　　　　　　　　　　　　　　　　　风　吹　着

6 3 | 3. 5 | 6 6 6 6 | 6 6 | 6 — | 6 — | 5 — |
杨　柳　　啊 沙 啦 啦 啦　啦 啦,　　　　　　　　小

1̇. 1̇ | 6 3 | 3. 5 | 2 2 2 2 | 2 2 | 2 — | 2 — |
河　里 水 流　　啊, 哗 啦 啦 啦　啦 啦,

2 — | 5. 5 | 3 2. | 5 1. 6̣ | 1 1 | 6̣ — |
谁　　家　的 媳 妇　　她 走(呀)走 得 忙 呀,

6̣ — | 6. 5 6 | 1̇ | 1̇ 3 | 3. 23 | 5 — | 5 — |
　　　　原 来 她 要 回　娘　家。

```
       ⌒                ⌒                           ⌒
  5  - | 5  - ‖: 5  1̇ 1̇ 6 3 | 5 - | 5 - | 5  1̇ 1̇ |
                 身 穿  大 红 袄,         头 戴
                 一 片  乌 云 来,         一 阵
                 淋湿了 大 红 袄,         吹 落 了
```

```
                    ⌒
  6 3 | 5 - | 5 - | 5 1̇ 1̇ 6 5 | 3. 2 1 | 5 3 | 2 - |
  一支 花,         胭 脂 和香粉  她 的脸 上  擦。
  风雨 刮,         眼 看 着山中  就 要把  雨  下。
  一支 花,         脸 上 的胭脂  变 成 红  泥  巴。
```

```
                       ⌒         ⌒
  2 - | 2 - | 2 - | 2 2 5 5 | 5 - | 2 2 5 5 | 5 - | 2 2 2 |
  左手一只 鸡,      右手一只 鸭,       身 上 还
  躲也无处 躲,      藏也无处 藏,       豆 大 的
  飞了一只 鸡,      跑了一只 鸭,       吓 坏 了
```

```
                    ⌒          ⌒
  2 1 2 3 | 5 5 6 | 5. 6 1̇. | 3 5 3 2 | 1 - :‖ 1 0 6 5 - |
  背着一个 胖娃  娃 呀, 咿呀咿得 喂。
  雨点往我 身上  打 呀, 咿呀咿得 喂。
  身后的小 娃娃  呀, 咿呀咿得 喂。         哎 哟,
```

```
            ⌒                        ⌒   ⌒   ⌒
  5. 6 5 6 5 6 | 2̇ - | 6 - | 1̇ - | 1̇ - | 1̇ - | 1̇ - ‖
  我 怎么去见 我    的         妈。
```

（2）组合的基本动作：单拐弯,双拐弯,身体的拧、倾加快速转身圆场步。

（3）基本舞步：平足步、上山步、后跟步、簸箕步、后别步。

（4）扇花舞姿：贴翻扇、合开扇、倒贴扇、飘扇、割扇、云扇、蝴蝶花扇、搭凉棚、大砍扇、斜塔、野鸡溜子。

（5）动作说明：

前奏：左手持手绢花托掌位,右手佛手扣扇在体侧准备,最后2小节上右脚,左小腿快速后勾。

第1段音乐：

1—4小节：背向观众从7点方向往3点方向横走平足步,3次贴翻扇,最后右脚前,右手

外翻扇 1 周后成单展翅舞姿,眼看 2 点方向。

5—8 小节:反复 1—4 小节动作。

9—12 小节:转成面对观众,左手不变,右手扇子在体侧小画扇,半蹲小碎步快速由 4 点向 8 点方向跑动。

13—16 小节:原地上步,同时左手贴搭右肩,右手做抖扇由右向后轮臂 1 周。

17—24 小节:向 3 点方向做 4 次合开扇,脚下为二步、二停步,2 拍迈步,手呈双山膀位合开扇,2 拍原地颤,胸前开扇。

25—28 小节:经第 1 拍上左脚,双手胯外侧小舀,身体拧、倾向左再向右快速走,做 1 次双拐弯。

29—32 小节:大踏步,双臂五位打开快速舀扇 1 次。

33—34 小节:双手提扇角,上右脚拧身快速后勾做 1 次簸箕步。

35—36 小节:同上,上右脚,跟上左脚快速后勾,做簸箕步。

37—40 小节:反复 33—36 小节动作,继续做簸箕步。

41—42 小节:双手体前快速小甩扇,向前走 2 步,后退 2 步。

43—44 小节:双手绕扇蝴蝶盘花,由脸前向头上方绕动,同时小碎步后退。

45—46 小节:右脚向左前方虚点步,后扇子挡脸,强拍双手打开小分扇眼看右侧,反复 1 次。

47—48 小节:左手托巾,右手扇平端至左腰旁双立脚。

49—50 小节:向右迈 1 步,左脚尖旁点,同时倒贴扇至右肩旁。

51—59 小节:保持双手右肩膀的倒贴扇姿势,上山步边走边转 1 周。

第 2 段音乐:

33—36 小节:前 2 拍右脚左前点,双手由胸前贴扇,接着小外翻扇向右走 1 次单拐弯;最后 2 拍面向 1 点上右脚呈左小踏步,左手搭右肩,右手佛手扣扇至头前上方呈搭凉棚舞姿。

37—40 小节:左脚前点,双手做小妥扇,身体向左转,快速走一个单拐弯,后 2 拍亮相,重心在左脚,右脚小踏步,左手巾上托,右手扇端至左腰旁,眼睛看 8 点。

41—43 小节:向斜后方 4 点做一个大砍肩动作。

第 44 小节:经外晃托至头前上方搭凉棚,右脚左前虚点。

47—48 小节:向左小碎步,同时双下分扇(焦急状)。

49—50 小节:向右小碎步,经上下分扇,眼睛看右。

51—54 小节:双手体侧五位做 2 拍 1 次的妥扇,同时做 4 个后别步。

55—59小节：向后快速走小碎步后退，后2拍右晃扇，右脚前招做大闪腰1次。

第3段音乐：

33—40小节：向2点方向后跟步，同时2拍1次从左向右双晃手。

41—46小节：双手提扇角小碎步后退，同时做3个云扇，接两个揉扇，最后2拍呈"水中望月"舞姿。

47—50小节：左手上托巾，右手二指捏扇角做飘扇，同时平足步自转1周。

51—54小节：面对1点方向做2个十字步，4次割扇。

第55小节：抛接扇，呈佛后拿扇。

56—57小节：原地围身前后拍打1次后成小分扇体侧位。

58—59小节：经蹦跳后右手扇斜上举做"野鸡溜子"原地转。

60—62小节：向4点方向做一个大砍肩。

63—69小节：双手至四位端扇，双脚立经8点做斜塔，后接大步迈步走前后花下场。

七、儿童花鼓灯舞

1. 三人猜拳游戏舞

（1）音乐：

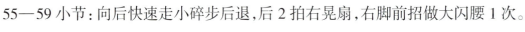

《三人猜拳游戏舞》（单圈邀请舞）
武娴忠 编舞

$1=C$ $\frac{2}{4}$

（X X X X | X X X | X X X X | X 0）| X X X X | X 0 |
匡匡匡匡 匡匡一令匡 匡令匡令匡

X X X X | X 0 | X X | X X | X X X X | X 0 |
冬匡一令匡 匡匡 匡匡 冬匡一令匡

X X X X | X 0 | X X X X | X 0 | X X X X | X X X |
匡令匡令匡 冬匡一令匡 匡匡匡匡匡匡

X X X X | X 0 | X X | X X | X X X | X 0 ‖
匡匡匡匡匡 嘿 嘿 嘿嘿嘿 嘿

（2）动作说明：

准备：全体小朋友站成单圈，手持一把小扇。

前奏：全体小朋友胸前抱扇正步站，1拍1次左右摆头。

1—6小节：(含反复小节)圈上被邀请者动作同上，部分邀请者到圆圈中做1拍1步的后踢小踏步，双手体前下方做甩扇，场内自由跑动。

7—8小节：每位邀请者跑到两位被邀请者前面，3人同时蹦跳步1次，双手上分后至体侧。

9—10小节：转3圈，同时向左走小碎步，双手臂向上分至体旁右脚前点。

11—12小节：同9—10小节，向左走小碎步。

13—16小节：3人转1小圈，右手扇子斜上举中间相靠，左手斜下方，后踢步走1圈。

17—20小节：3人面对面，双手后背（扇子换左手）1拍1次跺脚，最后1拍同时出右手，分别出手心或手背，与别人不同的一位小朋友就是邀请者，舞蹈继续开始，如3人同，即原邀请者再跳1次。

2.《小小拖拉机手》（双圈集体舞）

（1）音乐：

[乐谱：《小小拖拉机手》（双圈集体舞），武娴忠编舞，1=F 2/4]

（2）动作说明：

准备：全体小朋友站双圈面对逆时针方向，双手胸前做握方向盘状。

1—8小节：两位小朋友一对，握方向盘向逆时针方向做后跟步。

9—10小节：双脚垂立原地屈膝，手同上。

11—12小节：里圈人右脚前蹭步，外圈人左脚前蹭步，双手握方向盘，身体后仰，两人对看，上身晃动。

9—12小节：反复，动作同上。

13—14小节：两人举右臂相靠，快步1圈。

第15小节：转成面对面双手握拳状围身，左手前，右手后，同时正面屈膝身体右拧。

第16小节：左脚小蹬腿出，双臂同时体侧拉开握拳小山膀，同时上身左拧对看。

结束句4小节：双臂体侧小划动（小鸭划水）做后踢步，里圈原地，外圈逆时针方向向前跑动，更换舞伴，舞蹈继续。

3.《小鼓架集体舞》

（1）音乐：

《小鼓架集体舞》（双圈集体舞）
杨义平 编舞

$1=E$ $\frac{2}{4}$

（X　X ｜X　X ｜X X X X ｜X　0 ）｜5 5 6 5 ｜5 5 6 5 ｜
　　仓　　仓　　仓　仓　冬仓一令仓

5 5 6 5 ｜5 5 6 5 ｜1 1 2 1 ｜1 1 2 1 ｜1 1 2 1 ｜1 1 2 1 ｜

2 2 3 2 ｜2 2 3 2 ｜2 2 3 2 ｜2 2 3 2 ‖: X　X ｜X X X X ｜
　　　　　　　　　　　　　　　　　　　　　　　仓　仓　冬仓一令

X　X ｜X　X ｜X　X ｜X　0 :‖X　X ｜X　X ｜
仓 咚　仓 咚　仓 咚　仓　　　仓 仓　仓 仓

X X X X ｜X　0 ｜X　X ｜X　X ｜X X X X ｜X　0 ‖
冬仓一令仓　　　仓　仓　仓　仓　冬仓一令仓

（2）动作说明：

准备：双圈转成逆时针方向两人一对。

1—2小节：双手握拳状，右脚起步向左前方走3步，第4拍左腿前吸腿同时拧身向右，右手臂随之轮臂1周。

3—4小节：左轮臂左脚起向右前方走3步接右腿吸，同时拧躺左筛子步，似三步一抬。

5—8小节：反复1—4小节动作，继续走筛子步。

9—12小节：再次反复走筛子步。

13—15小节：经跳起拍打大腿成后右弓步，双臂握拳托按掌位亮相。

16—18小节：保持右大弓步，打虎上山姿态向左转头，亮相3次。

反复13—18小节：动作相同，反方向，跳起后落左弓箭步，小鼓架子亮相，向右三点头。

19—22小节：两人双臂打开背靠背转1周。

23—24小节：两人面对面，各自向对方右肩后做大砍肩1次。

25—26小节：前2拍双臂回身，正步屈膝2拍小蹬腿出，同时向左拧身双臂提襟位拉开。

（结束）

间奏音乐：全体做小鸭划水动作，后踢步，外圈人向前换一舞伴，舞蹈继续开始。

参考文献

[1] 吕艺生. 舞蹈教育学[M]. 北京：中国戏剧出版社，1994.

[2] 董立言，刘振远. 舞蹈[M]. 北京：高等教育出版社，1995.

[3] 隆荫培，徐尔充，欧建平. 舞蹈知识手册[M]. 上海：上海音乐出版社，1999.

[4] 王海英，肖灵. 舞蹈训练与编创[M]. 北京：高等教育出版社，2002.

[5] 陈康荣. 舞蹈基础[M]. 上海：复旦大学出版社，2005.

[6] 王印英. 舞蹈[M]. 北京：高等教育出版社，2011.